圖解
兩岸關係

蔡東杰／洪銘德／李玫憲 著

自序

雖說所謂「兩岸關係」起自 1949 年國共內戰大致落幕後，所形成的分裂分治現象，但 1987 年無疑是更重要的轉捩點。由於蔣經國決定解嚴並開放民眾赴大陸探親旅遊，自此，兩岸關係便開啟了從「沒關係」到「有關係」，甚而從「關係有限」到「關係密切頻繁」，量變與質變齊頭並進的一段新歷史進程。時至今日，儘管兩岸關係依舊紛擾不休、正反俱呈，依舊各說各話、難有交集，也依舊充滿變數、前途未卜，但毫無疑問地，無論對台灣或大陸，甚而無論對區域乃至全球，兩岸關係的未來絕對可謂牽一髮而動全身，扮演著對許多人的未來至關重要的關鍵性。可惜的是，正因當前兩岸關係還是存在著高度爭議，且因爭議而難以凝聚必要共識，其結果既讓其內涵因黨派紛爭與街談巷議而日趨模糊，更重要的是，此種模糊不但讓兩岸關係更顯霧裡看花，由是也讓大家始終捉摸不定未來的走向。為此，本書試圖反璞歸真，不著墨於學術論述或政策辯論，而是回到客觀之原點，是什麼就是什麼，有什麼就有什麼，期盼藉此能幫助學子們與大眾找到可供思考未來的基礎。

在本書編撰過程中，要特別感謝中興大學國際政治研究所兩位後起之秀，李玫憲與洪銘德博士，他們對我而言「似徒更為友」，過去十餘年來一直是個人在研究上腦力激盪與自我鞭策的重要動力來源，最後當然要感謝五南圖書公司編輯同仁的費心處理本書出版事宜，讓本書得以順利付梓。無論如何，本書之目的僅在拋磚引玉，希望各方專家能不吝賜正，俾利後續再行修改。

蔡東杰

2015 年 7 月於台中抱樸齋

本書目錄

第④章 影響兩岸關係發展的國際因素

本書目錄

第 5 章 影響兩岸關係發展的國內因素

第 6 章 我國大陸政策發展

第 **9** 章 兩岸協商的制度化進程

本書目錄

第⑩章 兩岸關係的軍事面向

本書目錄

第 13 章　兩岸關係的文化面向

本書目錄

第 14 章　兩岸關係的教育面向

第**1**章

兩岸關係概論

●●●●●●●●●●●●●●●●●●●●●●●●●●●●●● 章節體系架構 ▼

UNIT **1-1**
何謂兩岸關係

大體言之，「兩岸」是一個地理概念，意指分別位於台灣海峽東、西兩側的台灣與中國大陸，一般稱二者之間的互動為「兩岸關係」。1949 年以前，因列強更迭殖民台灣，兩岸持續在國際與國內關係之間交替變化；在國共內戰於 1949 年結束後，中華人民共和國政府在北京成立並實質控制中國大陸，中華民國政府則遷往台灣並維持動員戡亂政策，兩岸關係由此進入軍事對峙且政治分立的「分裂國家」特殊狀態，亦為本書設定之觀察時間起點。目前兩岸關係至少包括下列五個層面：

（一）兩岸政治關係

國際社會中多數國家常因「一個中國」問題而感到困擾，因為中華民國政府持續而有效地統治台灣，中華人民共和國政府之實際統治則從未及於台澎金馬。弔詭的是，兩岸政府依其憲法各自表述「一個中國」：台灣方面迄今仍宣稱中國大陸為其固有疆土，北京當局亦堅稱台灣為其不可分割的一省。此一主權矛盾與衝突，迄今仍是難解的政治議題。

（二）兩岸軍事關係

歷經一江山戰役、1958 年八二三金門砲戰，以及 1996 年台海飛彈威脅等三次台海危機後，近年來兩岸領導人雖不斷拋出軍事互信機制與和平協議等議題，北京當局迄今未有調整對台軍事部署的跡象，且不放棄武力統一之選項。目前，中共部署對台導彈已增加到 1,400 枚以上，導致兩岸軍事能力對比嚴重失衡。

（三）兩岸經濟關係

自 2008 年恢復制度化事務性協商後，兩岸經貿互動持續朝正面緊密發展，相繼簽署了《海峽兩岸經濟合作架構協議》（ECFA）在內的 21 項協議。兩岸貿易額從 1990 年的 40 億、2000 年的 300 億，逐步提升至 2012 年 1,690 億與 2017 年 1,993 億美元，顯示雙方確實存在密切之經濟互動。

（四）兩岸社會關係

兩岸開放直航三通與陸客自由行政策後，國人赴大陸旅遊以及陸客來台觀光人數，近年來屢創新高。在頻繁的交流與互動下，兩岸人民逐漸建構出多元的社會互動網絡，生活型態日愈趨同。除此之外，往返兩岸、甚至長期旅居大陸的台商家庭，以及國內定居的陸籍配偶等，亦是兩岸社會關係重要連結。

（五）兩岸文化關係

儘管兩岸在政治意識形態及政府體制上有所差異，但由於兩岸共同承襲了中華文化，具有相同的文字、語言、歷史、傳統與習俗，因此在文化上容易產生高度的共鳴。此一共同文化資產，既有助於強化兩岸在文化上的交流與聯繫，也相當程度地緩和了前述政治僵局與軍事對立危機。

兩岸關係的五種層面

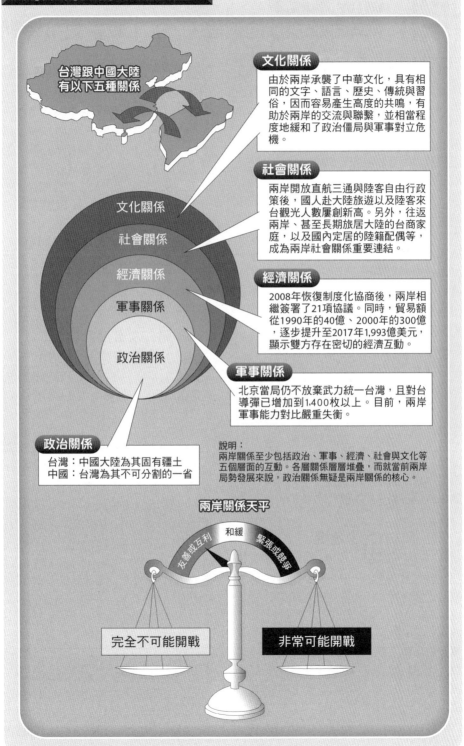

台灣跟中國大陸
有以下五種關係

文化關係
由於兩岸承襲了中華文化，具有相同的文字、語言、歷史、傳統與習俗，因而容易產生高度的共鳴，有助於兩岸的交流與聯繫，並相當程度地緩和了政治僵局與軍事對立危機。

社會關係
兩岸開放直航三通與陸客自由行政策後，國人赴大陸旅遊以及陸客來台觀光人數屢創新高。另外，往返兩岸、甚至長期旅居大陸的台商家庭，以及國內定居的陸籍配偶等，成為兩岸社會關係重要連結。

經濟關係
2008年恢復制度化協商後，兩岸相繼簽署了21項協議。同時，貿易額從1990年的40億、2000年的300億，逐步提升至2017年1,993億美元，顯示雙方存在密切的經濟互動。

軍事關係
北京當局仍不放棄武力統一台灣，且對台導彈已增加到1,400枚以上。目前，兩岸軍事能力對比嚴重失衡。

文化關係
社會關係
經濟關係
軍事關係
政治關係

政治關係
台灣：中國大陸為其固有疆土
中國：台灣為其不可分割的一省

說明：
兩岸關係至少包括政治、軍事、經濟、社會與文化等五個層面的互動。各層關係層層堆疊，而就當前兩岸局勢發展來說，政治關係無疑是兩岸關係的核心。

兩岸關係天平

友善或互利　　和緩　　緊張或競爭

完全不可能開戰　　　非常可能開戰

UNIT *1-2*
兩岸關係發展的階段（一）：軍事對抗時期

　　1949 至 1958 年間，兩岸關係出現高度緊張與不穩定的局面。在政治上，兩岸互不承認對方存在之合法性，一方面聚焦於聯合國的中國代表權爭議，並誓言收復或解放對方。在中國大陸的中華人民共和國以法統的繼承者自居，將中華民國視為一個已滅亡的政權；相對地，在台灣的中華民國則在 1954 年召集第一屆國民大會第二次會議，議決於 1948 年通過實施的《動員戡亂時期臨時條款》繼續有效，並將中國大陸視為被叛亂團體竊占的淪陷地區。兩岸政府在此一時期進行多次軍事衝突，其中較具規模者如下：

（一）古寧頭金門保衛戰（1949）

　　又稱金門保衛戰或古寧頭大捷。1949 年 10 月 1 日中華人民共和國成立後，共軍隨即於 15 日攻取廈門，並在 25 日開始分三批登陸金門。古寧頭戰役於 27 日結束：共軍將近 4,000 人戰死、被俘 5,000 多人；國軍陣亡 1,200 多人、負傷 1,900 餘人。台灣在此一戰役的獲勝，讓中華民國政權得以轉危為安。

（二）第一次台海危機：
　　　九三砲戰（1954）

　　中共利用韓戰於 1953 年停戰契機，撤回「抗美援朝」部隊並轉移部署於金門對岸。1954 年 9 月 3 日，共軍瞬間向金門發射數千枚砲彈，擊沉並擊傷國軍艦船 7 艘，摧毀金門砲陣地 9 處，至於金門守軍砲兵亦於 9 月 5 日奉令全面展開報復性攻擊，爾後間歇性砲戰不斷。

（三）一江山戰役與大陳島撤退
　　　（1955）

　　1955 年 1 月 18 日，共軍與國軍在浙江一江山島進行激戰，此亦為解放軍首次進行陸、海、空三軍協同作戰，並於 1 月 20 日成功占領該島。由於一江山是大陳島的屏障，失去該島嶼後，中華民國政府決定將大陳島居民與軍隊全數撤遷至台灣。撤退行動名為「金剛計畫」，自 1955 年 2 月起，由美國第七艦隊協助撤退，4 天共撤離約 2.8 萬名軍民，其中居民前往台灣，軍人則移防至金門、馬祖等地。

（四）第二次台海危機：
　　　八二三砲戰（1958）

　　1958 年 8 月 23 日，中共解放軍開始猛烈砲擊金門，落彈集中在指揮所、觀測所、交通中心、工事及砲兵陣地，並造成金防部司令在內共 440 餘人死傷。美國國務卿杜勒斯（John Dulles）立即向大陸發出警告，並下令美國第七艦隊布防台灣海峽，協助我國海軍補給。9 月 18 日和 21 日，國軍啟動「轟雷計畫」，由美軍和國軍合作運送 12 門八吋砲前往金門，國軍自此開始扭轉在攻擊火力上的劣勢。據統計，自 8 月 23 日至 10 月 5 日，中共前後共擊出 47 萬餘發砲彈，創下戰史上落彈密度最高的紀錄。

1949年至1958年的軍事衝突

一江山位置

中國大陸

浙江

福建

杭州
寧波
台州

↑北

一江山

1955年一江山戰役
與大陳島撤退

上大陳

下大陳

南麂

東引
馬祖
福州

基隆

廈門
金門

台北

台灣

1949年古寧頭金門保衛戰
1954年九三砲戰
1958年八二三砲戰

古寧頭金門保衛戰

- 1949年10月15日
- 又稱古寧頭大捷，共軍近4,000人戰死，被俘5,000多人

第一次台海危機／九三砲戰

- 1954年9月3日
- 共軍瞬間向金門發射數千枚砲彈，金門守軍亦奉命展開報復性砲擊

一江山戰役與大陳島撤退

- 1955年1月18日
- 共軍首次以陸、海、空協同作戰並成功占領一江山，我國政府決定將大陳島軍民撤遷至台灣

第二次台海危機／八二三砲戰

- 1958年8月23日
- 前後落彈約47萬餘發，最後在美國第七艦隊協防及國軍啟動轟雷計畫下才扭轉劣勢

UNIT **1-3**
兩岸關係發展的階段（二）：僵持對立時期

1958 至 1986 年間，兩岸政府戰略主軸遂逐漸從「對外軍事行動」轉向「國內政經發展」，雙方領導人相繼將政治焦點轉向國內，分別採取一系列威權統治措施。兩岸關係在此階段之主要發展如下：

（一）鞏固中央領導權威
❶大躍進與文化大革命
中共在 1958 年推動社會主義建設總路線、大躍進及人民公社等所謂「三面紅旗」運動，同年 5 月通過了第二個五年計畫，希望短期間達成「超英趕美」之發展目標，但最終在浮誇宣傳與政策脫序中宣告失敗，並造成經濟倒退及全國性大飢荒。為謀收拾殘局並鞏固權力，中共在 1966 年通過《五一六通知》，正式啟動文化大革命，縱容紅衛兵與四人幫進行批鬥整肅，學者多以「十年動亂、十年浩劫」形容此一政治災難。

❷警察國家與白色恐怖
1949 年 5 月，台灣省警備總司令部發布戒嚴令，同年 6 月國民政府撤遷至台灣，在人民集會、結社、言論等基本人權均被限縮的情況下，立法院進一步通過《懲治叛亂條例》及《動員戡亂時期檢肅匪諜條例》，擴大解釋犯罪的構成要件，讓情治單位介入人民的政治活動，直到 1987 年 7 月解嚴為止，陸續發生 1955 年孫立人兵變案、1960 年雷震事件、1984 年江南案等白色恐怖事件。

（二）奠定經濟發展基礎
1971 年 10 月，聯合國大會通過 2758 號決議，中華人民共和國自此正式接收「中國」在聯合國席位。其後，透過 1972 年《上海公報》、1979 年《建交公報》、1979 年《台灣關係法》及 1982 年的《八一七公報》，美國逐步推動並確認了與中共政權的「關係正常化」。隨著國際環境變遷，兩岸領導人陷入經濟發展與軍事對抗之間的長考，最後都在生存考量下集中推動經濟建設。

❶蔣經國與十大建設
面對 1971 年退出聯合國與 1972 年第一次石油危機衝擊，時任行政院長的蔣經國著手推動「十大建設」，包括 6 項交通建設（中山高速公路、鐵路電氣化、北迴鐵路、中正國際機場、台中港、蘇澳港）、3 項重工業建設（中油、中鋼、中船）、1 項能源建設（核能發電廠），台灣由此躋身亞洲四小龍行列。

❷鄧小平與改革開放
自鄧小平於 1978 年中共十一屆三中全會全面接班後，次年中共全國人大常委會發表《告台灣同胞書》，改以「和平統一」取代「解放台灣」。鄧小平確立改革開放路線，提出「中國特色的社會主義」與「一國兩制」構想，並著手建立深圳、珠海、汕頭、廈門等第一批 4 個經濟特區。儘管依舊缺乏政治互動，此時中國大陸也出現所謂「經濟學台灣」等聲浪。

1958年到1986年兩岸政經發展重點

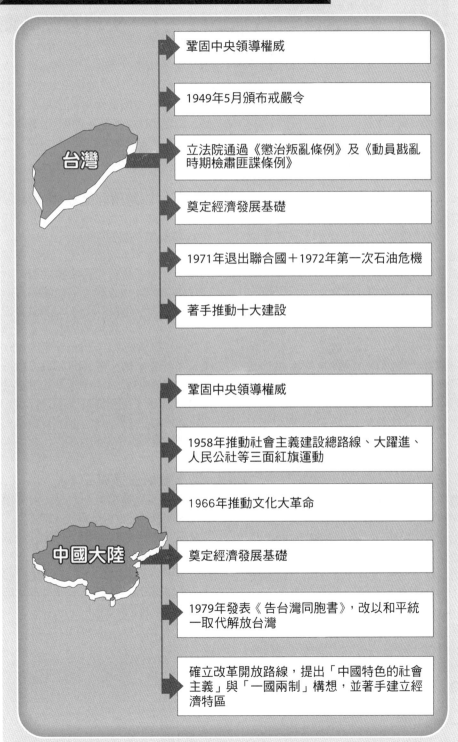

台灣

- 鞏固中央領導權威
- 1949年5月頒布戒嚴令
- 立法院通過《懲治叛亂條例》及《動員戡亂時期檢肅匪諜條例》
- 奠定經濟發展基礎
- 1971年退出聯合國＋1972年第一次石油危機
- 著手推動十大建設

中國大陸

- 鞏固中央領導權威
- 1958年推動社會主義建設總路線、大躍進、人民公社等三面紅旗運動
- 1966年推動文化大革命
- 奠定經濟發展基礎
- 1979年發表《告台灣同胞書》，改以和平統一取代解放台灣
- 確立改革開放路線，提出「中國特色的社會主義」與「一國兩制」構想，並著手建立經濟特區

UNIT *1-4* 兩岸關係發展的階段（三）：交流互動時期

圖解兩岸關係

自 1986 年開始，台灣一改不接觸、不談判、不妥協的「三不政策」，開始與北京政府協商交流事宜，由而將兩岸關係推向新的里程碑。

（一）華航劫機事件與香港談判

1986 年 5 月 3 日，中華航空預訂由新加坡飛返台灣的 334 號貨運航班，遭機長王錫爵劫持至廣州白雲機場。台灣派代表赴香港與中共代表談判機組人員遣返事宜，成為 1949 年以來兩岸官員首次正式接觸。翌年，蔣經國授權中華民國紅十字會代表政府與中共的中國紅十字會接觸，作為兩岸溝通窗口，三不政策至此開始轉化。後續重要發展如 1987 年開放赴大陸探親、1988 年開放台商赴大陸投資、1989 年開放兩岸民眾間接通話及改進信件寄送手續等。

（二）九二共識與辜汪會議之制度性協商

自 1990 年開始，兩岸進入協商交流的加速階段：

❶ 1990 年 9 月，兩岸紅十字會在金門舉行商談，共同就刑事嫌疑犯或刑事犯的遣返問題進行協商，並簽署了《金門協議》。

❷我國分別於 1990 年 11 月成立財團法人海峽交流基金會（簡稱海基會）、1991 年成立行政院大陸委員會（簡稱陸委會）；為回應我國大陸政策新走向，1991 年 12 月中共亦成立海峽兩岸關係協會（簡稱海協會）。

❸ 1992 年 10 月，兩會代表就「公證書使用」及「掛號函件」問題舉行香港會談，最後達成「一個中國、各自表述」之九二共識。

❹ 1993 年 4 月，在新加坡國務資政李光耀的斡旋下，兩岸兩會舉行首屆「辜汪會談」，並簽署兩岸公證書查證協議、兩岸掛號函件查詢補償事宜協議、兩會聯繫與會談制度協議，以及辜汪會談共同協議等 4 項事務性協議。

（三）從戒急用忍到積極開放

前述兩岸制度性協商機制，一度因 1995 年前總統李登輝訪美、1996 年首次總統直選等事件而停擺，1998 年雖因第二次辜汪會晤而再次達成對話共識，不久又因 1999 年前總統李登輝發表「特殊國與國關係」（中共稱為兩國論）、2000 年民進黨執政而中止。此期間，民進黨政府從 2000 年的「積極開放、有效管理」到 2006 年的「積極管理、有效開放」有所轉化，中共則於 2005 年通過《反分裂國家法》反制，並試圖透過「國共論壇」與在野的國民黨討論經貿事宜。

（四）直航三通與 ECFA

2008 年國民黨重新執政後，兩岸兩會正式恢復制度性協商機制，透過「江陳會談」的新平台，相繼完成兩岸三通直航、陸客來台觀光等重要談判，並於 2010 年 6 月正式簽署 ECFA，兩岸由此邁入全面交流的新紀元，逐步朝向更制度化的方向邁進。

兩岸交流互動時期

華航劫機事件與香港談判

- 1986年華航機師王錫爵劫持飛至廣州白雲機場
- 政府授權中華民國紅十字會代表政府與中國紅十字會接觸，首次開啟兩岸溝通窗口
- 後續重要發展如1987年開放赴大陸探親、1988年開放台商赴大陸投資、1989年開放兩岸民眾間接通話及改進信件寄送手續

九二共識與辜汪會談

- 1990年兩岸就刑事嫌疑犯或刑事犯遣返問題進行協商並簽署《金門協議》
- 1990年成立陸委會與海基會
- 繼1992年達成九二共識後，1993年於新加坡召開辜汪會談

從戒急用忍到積極開放

- 制度性協商幾度因李前總統訪美、首次總統直選、兩國論等事件而停擺
- 民進黨執政後兩岸交流陷入停滯，兩岸改以國共論壇的黨對黨協商途徑進行接觸

直航三通與ECFA

- 2008年二次政黨輪替後兩岸制度性協商重新啟動
- 兩岸相繼完成三通直航、陸客來台觀光以及簽署ECFA等新里程

政黨輪替

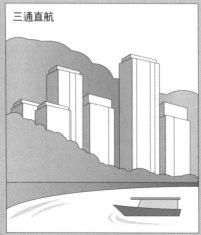

三通直航

陸客來台觀光

台北松山機場

第 1 章　兩岸關係概論

UNIT *1-5*
兩岸關係問題的分析層次

圖解兩岸關係

分析層次（level of analysis）為國際關係研究的重要分析架構，其分析重點涵蓋了個人層次、國家層次以及國際層次等多重面向，採取此途徑之主要目的在於解釋造成特定事件之原因，有效釐清二者之間的因果關係；準此，本書亦試圖透過此一途徑來觀察兩岸關係發展。

（一）個人層次的分析

關注個人因素對政府決策過程的影響，例如領導人個人特質、成長背景、決策風格、訊息接收、心理狀態等。此外，若特定菁英團體在利益、資訊、觀念與認同上具有高度一致性，則該團體亦可視為個人層次分析的對象。以個人層次分析兩岸關係，重點將放在兩岸領導人決策風格與政策內容的討論。事實上，自 1949 年以來，兩岸歷任領導人均具強烈的個人特質，無論是台灣方面的蔣介石、蔣經國、李登輝、陳水扁或馬英九，還是中國大陸的毛澤東、鄧小平、江澤民、胡錦濤及習近平等，都提供分析各時期兩岸關係發展的重要變數。

（二）國家層次的分析

主要針對國家內政層面各項要素進行討論，例如國家政治體制、政府決策過程、政府機構職能、國內政經情勢、政黨政治以及利益團體等。採取國家層次分析兩岸關係，主要包括下列幾項切入觀點：

❶政治體制的差異

台灣採取民主共和政府體制，透過憲法保障人民的基本參政人權，並以直接選舉方式，決定最高行政首長及國會議員；中國大陸則仍堅持由共產黨一黨專政，對內採取以黨領政、以黨領軍的民主集中制。此一政治體制的差異，直接影響兩岸政府決策過程及其實質內容。

❷經濟與社會情勢

兩岸整體政經結構以及社會型態變遷等，均持續以「民意」形式影響政府兩岸政策走向；台灣自 1987 年開始陸續開放大陸探親以及台商赴大陸投資等，即是民意走向影響政府對外政策的最佳案例。

❸利益團體的影響

利益團體在兩岸關係發展中的影響，依其涉入政府決策過程的程度而定；其中，台商在兩岸關係發展中扮演舉足輕重的角色，不僅在大陸各省成立台商協會，每逢台灣總統大選時，更是各政黨爭取的關鍵選票。

（三）國際層次的分析

主要關注國際或區域權力分配所形成之體系結構，以及該結構如何影響範圍內國家彼此之間的互動關係。此層次分析焦點包括：從冷戰到後冷戰的國際體系變遷、美國全球戰略布局、中共軍事現代化及美國對台軍售、中共反介入及美國反反介入戰略之角力、區域經濟整合及自由貿易協定、兩岸多層次合作交流等。其中，兩岸關係中的美國因素為國際層次關鍵，其影響更涉及政治、經濟、軍事等不同層面。

影響兩岸關係的國際因素

兩岸多層次
合作交流

冷戰到後冷戰
的國際體系
變遷

美國全球
戰略布局

區域經濟整合
及自由貿易
協定

美國因素

中共軍事現代
化及美國對台
軍售

中共反介入及
美國反反介入
戰略之角力

兩岸關係問題的分析層次

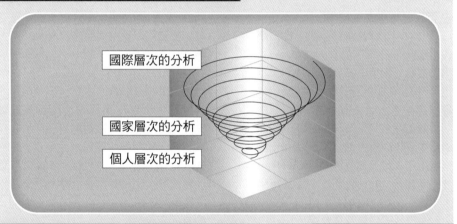

國際層次的分析

國家層次的分析

個人層次的分析

影響兩岸關係的國內因素

政治體制的差異	➡	台灣：民主體制、直接選舉 中國：民主集中制、共產黨一黨專政
經濟與社會情勢	➡	兩岸整體政經結構以及社會型態變遷等，均持續以「民意」形式影響政府兩岸政策走向
利益團體的影響	➡	利益團體依其涉入政府決策過程的程度，在兩岸關係發展中發揮影響力。其中，台商扮演舉足輕重的角色

UNIT 1-6
兩岸事務性交流管道

兩岸交流雖遲至 1986 年華航劫機事件才開始進行雙邊接觸，但隨後陸續建立起多元溝通渠道。

（一）政府間組織（多邊）

❶世界貿易組織（WTO）

WTO 部長會議於 2001 年通過兩岸入會申請，台灣與大陸先後於同年 12 月及次年 1 月成為第 143 及 144 個正式會員。自此，兩岸政府均按規定陸續開放市場，並依循 WTO 爭端解決機制協商兩岸經貿糾紛。

❷亞太經濟合作（APEC）

1991 年，台灣以「中華台北」名義與中國及香港同時加入 APEC，成為我國目前唯一參與之多邊經濟組織，兩岸也長期透過 APEC 框架進行互動。

❸世界衛生大會（WHA）

世界衛生組織（WHO）於 2009 年致函衛生署，同意台灣以「觀察員」身分出席同年 5 月召開之第 62 屆 WHA，其後，兩岸於 2011 年簽署《醫藥衛生合作協議》，並於 2013 年第 66 屆 WHA 中首次進行部長級官員會談。

（二）政府機構（雙邊）

❶大陸委員會（陸委會）vs. 國務院

台灣事務辦公室（國台辦）、中共中央台灣工作辦公室（中共中央台辦）：陸委會成立於 1991 年，為我國專責兩岸事務之中央部會，在香港及澳門皆設有代表機構。國台辦和中共中央台辦則成立於 1988 年，為中國大陸對台工作的政策領導機構。

❷海峽交流基金會（海基會）vs. 海協會

海基會成立於 1990 年 11 月，為辦理兩岸交流事務之半官方組織，其業務授權和指導機關為陸委會；海協會成立於 1991 年 12 月，為海基會之對口單位，業務指導和管理機關為國台辦。

（三）非政府組織

❶國際紅十字會

兩岸均設有國際紅十字會分會，1987 年台灣開放赴大陸探親之初，兩岸紅十字會即擔負起溝通中介角色，協助處理民眾申請手續及親戚協尋等事宜。1988 至 1994 年間，中華民國紅十字總會更租用臺北市 10099 郵局第 50000 號信箱，開辦兩岸特殊通郵業務。

❷國共論壇

自 2000 年台灣首次政黨輪替與 2004 年民進黨再度執政，以致兩岸交流幾乎停擺後，2005 年國民黨主席連戰訪問大陸則開啟了國共論壇的對話平台，讓黨對黨的對話機制成為兩岸事務性協商的新途徑。在兩岸於 2008 年重啟制度性協商前，國民黨與中共當局共舉行過三次國共論壇。

❸其他平台

除上述政府間組織、政府機構、非政府組織外，我國目前已參加的亞洲開發銀行、國際奧運委員會等組織，亦是兩岸進行事務性交流的重要平台。

兩岸事務性交流管道

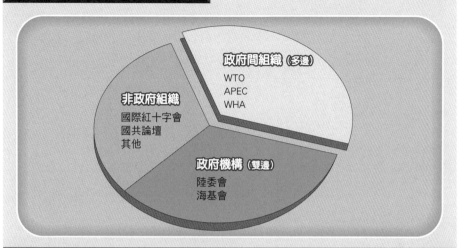

政府間組織 (多邊)
WTO
APEC
WHA

非政府組織
國際紅十字會
國共論壇
其他

政府機構 (雙邊)
陸委會
海基會

台灣在兩岸皆擁有會籍之政府間國際組織內之身分及會籍名稱

組織名稱	英文簡稱	會籍名稱	會籍身分
世界動物衛生組織	OIE	Chinese Taipei	非主權區域會員
國際種子檢查協會	ISTA	Taiwan	個別經濟體
亞洲開發銀行	ADB	Taipei, China	（亞太）區域會員；開發中會員國
亞太經濟合作	APEC	Chinese Taipei	經濟體（全體會員皆然）
國際衛星輔助搜救組織	Cospas-Sarsat	Chunghwa Telecom Co., Taiwan, China	參與組織
亞太法定計量論壇	APLMF	Chinese Taipei	經濟體（全體會員皆然）
亞洲稅務行政暨研究組織	SGATAR	Chinese Taipei	區域
世界貿易組織	WTO	Separate Customs Territory of Taiwan, Penhu, Kinmen and Matsu (Chinese Taipei)	個別關稅領域
北太平洋鮪魚國際科學委員會	ISC	Chinese Taipei	漁業實體
世界關務組織下屬之「關稅估價技術委員會」	WCO - TCCV	Separate Customs Territory of Taiwan, Penhu, Kinmen and Matsu (Chinese Taipei)	個別關稅領域
世界關務組織下屬之「原產地規則技術委員會」	WCO - TCRO	Separate Customs Territory of Taiwan, Penhu, Kinmen and Matsu (Chinese Taipei)	個別關稅領域
世界貿易組織法律諮詢中心	ACWL	Separate Customs Territory of Taiwan, Penhu, Kinmen and Matsu (Chinese Taipei)	個別關稅領域
中西太平洋漁業委員會	WCPFC	Chinese Taipei	漁業實體

第 **2** 章

從國共互動到
兩岸關係

章節體系架構 ▼

UNIT **2-1**
共產黨成立與第一次國共合作

（一）中國共產黨成立
（1920-1921）

❶俄國革命及其對中國之影響

　　1917 年俄國爆發「十月革命」並成功推翻沙皇，由此吸引中國知識分子的注意，例如陳獨秀主編的《新青年》便於 1918 年報導了俄國革命，1919 年更出版了〈馬克思主義研究專號〉，介紹「階級鬥爭」和「唯物史觀」。於此同時，為打破外交孤立並爭取亞洲人民好感，俄國相繼於 1918 及 1919 年宣布廢除所有對中國的不平等條約。

❷中共正式成立經過

　　1920 年，共產國際派遠東局書記維丁斯基（G. N. Voitinsky）前來中國，鼓勵陳獨秀、李大釗等人分別在北京與上海成立「馬克思學說研究會」，毛澤東則在湖南舉辦「文化書社」。同年 8 月，陳獨秀在上海組織共產黨，成立了「中共臨時中央」。

　　1921 年 3 月，在共產國際的建議和支持下，中共召開會議並發表了關於黨的宗旨和原則的宣言，制定了臨時性綱領，以確立了工作機構和計畫；接著，7 月 1 日在共產國際代表馬林（Maring）的指導下，毛澤東、董必武等 13 人代表全國黨員在上海舉行第一次全國代表大會並通過了《黨綱》，選舉陳獨秀擔任中央局書記，中國共產黨正式成立。

（二）第一次國共合作：容共時
期（1924-1927）

❶孫文－越飛聯合宣言

　　為使新成立的中共能夠穩定發展，蘇聯駐中國大使越飛（A. A. Joffe）於 1923 年 1 月與孫文進行交涉，希望藉由依附中國國民黨，使共黨勢力得以茁壯，雙方於協商後發表〈聯合宣言〉，蘇聯並提出優渥條件以爭取國民黨的合作，如：每月提供 70 萬經費、協助國民黨建立兩師軍隊並建立黃埔軍校、提供 2 萬支步槍與數架飛機、派遣政治與軍事顧問長期協助國民黨發展。

❷國共合作實質進展

　　1923 年 10 月起，在第三國際代表鮑羅庭（M. Borodin）協助下，國民黨開始整頓組織、改變黨員成分、整頓思想以及端正奮鬥目標等，共產黨亦開始推動與國民黨合作。接著，孫文接受中國共產黨員以個人身分加入國民黨，在 1924 年於廣州舉行的中國國民黨第一次全國代表大會中，中國共產黨的部分活躍成員，如李大釗、瞿秋白、張國燾、毛澤東等，分別獲選為中央執行委員或候補委員，史稱「第一次國共合作」。

❸北伐：國共合作高峰

　　蔣中正在 1926 年 7 月 9 日就職國民革命軍總司令後所發動的「北伐」，乃此階段國共合作最主要成就與雙邊關係高潮。

中國共產黨成立經過

毛澤東、董必武等13人（毛澤東、王盡美、李漢俊、何叔衡、董必武、鄧恩銘、陳潭秋、陳公博、周佛海、包惠僧、張國燾、李達、劉仁靜）代表全國黨員在上海舉行第一次全國代表大會並通過了《黨綱》，選舉陳獨秀擔任中央局書記，中國共產黨正式成立。

共產黨協助國民黨改組的三大原則

共產黨協助國民黨改組的三大原則

組織方面
國民黨有組織地方，如廣東、上海、四川、山東等處，共黨黨員一併加入。無組織的地方則由共產黨黨員創設，如：哈爾濱、奉天、北京、天津、南京、安徽、湖北、浙江、福建等地。

思想方面
根據三民主義中之民族主義，促使國民黨進行反帝國主義的宣傳及行動。

共產黨與國民黨的關係
共黨在國民黨中為一祕密組織，一切政治的言論行動，須接受共黨之指揮，共黨員須努力站在國民黨中心地位，但在事實上不可能時，斷不宜強行之。

UNIT **2-2**
第一次國共內戰與第二次國共合作

圖解兩岸關係

（一）第一次國共內戰
（1927-1937）

國共內戰意指在國民黨與共產黨之間，為爭奪統治權而爆發的戰爭，共產黨稱之為土地革命、十年內戰或第二次國內革命戰爭；國民政府則稱之為剿匪，其發展詳如下述：

❶清黨與寧漢分裂

1927 年 4 月 2 日，國民黨訂立了「清黨原則」並組織「清黨委員會」，並於 12 日進行「四一二清黨」行動，三天內捕殺了 800 多名共產黨人，於廣東、福建、江蘇以及浙江等省同步進行清黨。4 月 18 日，蔣中正更進一步在南京另組國民政府而形成「寧漢分裂」。

❷復合與分共

1927 年 7 月，武漢國民政府主席汪精衛正式下令「分共」，免除各機關中共黨員職務，史稱「七一五分共」。同年 9 月，南京、武漢兩地國民政府取得諒解並重新合併，稱為「寧漢復合」，象徵了國共第一次合作全面破裂。

❸剿共與長征

武漢分共後，國共隨即由合作轉為十年內戰，共產黨於此時利用 1928 年的中原大戰，逐步擴大占領區域並成立革命根據地，稱為「中央蘇維埃區域」。中原大戰結束後，國民黨開始進行五次圍剿。最後迫使共軍進行二萬五千里「長征」，一路逃至陝西延安。

（二）第二次國共合作：統一戰線時期（1937-1945）

❶從西安事變到七七事變

在張學良於 1936 年發動西安事變後，蔣中正被迫接受停止剿共及共同抗日等六大主張，並放棄「攘外必先安內」基本國策，形式上建立抗日統一戰線。促進國共合作，1937 年 2 月 10 日中共中央致電國民黨五屆三中全會，提出五項要求與四項保證。緊接著，7 月 7 日發生了七七事變，中共隨即發表〈共赴國難宣言〉，並將西北紅軍改編為「八路軍」，由朱德、彭德懷指揮，南方紅軍游擊隊改編為「新四軍」，由葉挺與項英指揮，表面上雖接受蔣中正號令，實則仍依據毛澤東指示行動。

❷抗日民族統一戰線

1937 年 9 月 22 日，國民政府公布了中共的〈共赴國難宣言〉，並承認其合法地位。自此，「中華全國抗日民族統一戰線」成立，所謂第二次國共合作也正式展開。但 1941 年的「新四軍事件」仍讓國共合作面臨重大挑戰，新四軍雖在編制上屬於戰區司令長官顧祝同領導，事實上只聽命共產黨指示。更甚者，共產黨勢力在對日戰爭期間逐漸增長，例如八路軍由初期的 4.5 萬多人增加至 40 萬多人，新四軍由數千人增至 10 萬多人，為日後第二次國共內戰累積能量並奠立基礎。

第二次國共合作

張學良：西安事變

蔣介石接受六項協議，並放棄「攘外必先安內」基本國策，形式上建立抗日統一戰線

❶改組國民黨與國民政府，驅逐親日派，容納抗日份子
❷釋放上海愛國領袖，釋放一切政治犯，保證人民的自由權利
❸停止「剿共」政策，聯合紅軍抗日
❹召集各黨各派各界各軍的救國會議，決定抗日救亡方針
❺與同情中國抗日的國家建立合作關係
❻其他具體的救國辦法

1937年2月10日中共中央致電國民黨五屆三中全會，提出五項要求與四項保證

 五項要求

❶停止內戰，一致對外
❷保障言論、集會、結社之自由，釋放一切政治犯
❸召開各黨各派代表會議，集中全國人才，共同救國
❹迅速完成對日作戰之一切準備工作
❺改善人民生活

 四項保證

❶停止武力推翻國民黨的方針
❷工農民主政府改名為中華民國特區政府，紅軍改名國民革命軍
❸特區實行徹底民主制度
❹停止沒收地主土地的政策

UNIT 2-3
第二次國共內戰與兩岸分治

（一）第二次國共內戰（1945-1949）

相較雙方於 1927-1937 年間的第一次內戰，第二次內戰發生於中國抗日戰爭結束後不久，共產黨稱之為解放戰爭，又稱第三次國內革命戰爭；國民黨則稱之為剿匪戡亂戰役，其過程詳如下述：

❶雙十協定與內戰爆發

1945 年抗日勝利，毛澤東與周恩來等人前往重慶與蔣介石進行會談，討論雙方和平共處與分享權力等事務，並於 10 月 10 日簽署《雙十協定》，強調以和平手段解決爭端，並於 1945 年底共同召開政治協商會議。然而，相關協定並未獲得落實，加上美國特使馬歇爾（Marshall）調停失敗，隨著國共雙方軍隊在東北的衝突日益白熱化，至 1946 年終於爆發全面內戰。

❷三大戰役與國府潰敗

國民政府雖於再度內戰初期占有優勢，隨著陝西戰事膠著，山東戰場挫敗後，逐漸失去主動權並導致攻守易位，雙方正式進行遼瀋會戰（1948）、徐蚌會戰（1948）與平津會戰（1949）等三場決定性戰役。

首先，林彪在東北全殲第九軍團，取得物產最富饒之大東北地區控制權，從而為日後勝利奠定基礎。其次，粟裕等率領部隊在華東擊敗黃埔嫡系部隊劉峙、杜聿明以及黃維等，奠定了其後渡江作戰的地緣基礎。最後，隨著東北與華東地區軍事失敗，林彪、羅榮桓等將華北司令傅作義困於北平城內並最終宣布投降。至此，長江以北的土地幾全入中國共產黨的控制之下。至此，國民政府已無力對抗中共並退守南方。

（二）逐步邁向兩岸分治發展

❶中共政權正式成立

1949 年 4 月 21 日，共產黨南下並接連攻陷南京、杭州、上海、南昌、武漢及長沙等各大城市。同年 9 月，共產黨全面進駐北京並召開「中國人民政治協商會議」，會後通過《中央人民政府組織法》及《人民政治協商會議共同綱領》。10 月 1 日，中華人民共和國正式於北京成立，毛澤東擔任中央政府主席；朱德、劉少奇、高崗等人擔任副主席；周恩來任政務院總理兼外交部長；朱德任中國人民解放軍總司令。

❷國民政府向台灣轉進

在中共政權成立後，中共更接連攻陷廣州、桂林、貴陽、重慶及成都等。12 月，國民政府宣布遷至台北，兩岸正式進入分治時期。中華民國政府有效統台灣本島、澎湖群島、金門、馬祖、東沙群島以及南沙群島中的太平島，而中華人民共和國政府則有效統治了中國大陸。

第二次國共內戰三大戰役

名稱	遼瀋會戰	徐蚌會戰	平津會戰
時間	1948.09.12- 1948.11.02	1948.11.06-1949.01.10	1948.11.29-1949.01.31
領導人	林彪、羅榮桓 vs. 衛立煌	劉伯承、陳毅、粟裕、鄧小平 vs. 黃百韜、黃維、邱清泉、李 彌	林彪、羅榮桓、聶榮 臻、劉亞樓 vs. 傅作 義
作戰 地點	東北戰場	以徐州為中心，東起海州，西 迄商丘，北起臨城（今棗莊市 薛城），南達淮河的廣大地區	華北
作戰 軍隊	東北人民解放軍 vs. 東北剿匪總司令部	解放軍華東野戰軍、中原野戰 軍 vs. 國民黨軍 5 個兵團和 1 個 綏靖區部隊	中國人民解放軍東北 野戰軍和華北軍區 vs. 華北剿匪總司令部
殲滅 人數	47.2 萬人	55.5 萬人	52.1 萬人
代表 意涵	共產黨攻占了東北 全境	共產黨控制了長江以北的廣大 地區，直接威脅首都南京	共產黨控制北平、天 津及華北大片地區

共軍進擊圖

UNIT *2-4*
中美和解與關係正常化

　　1960 年代中期後，由於蘇聯急劇擴充軍備引發「太空競賽」，並實施進攻性全球布局後，國際情勢呈現「蘇攻美守」的戰略態勢。此一形勢變化使中國轉變了以美國為頭號敵人的認知，加上 1969 年珍寶島事件後，中國對蘇聯威脅的感受比來自美國更直接嚴重，更甚者，美國在 1968 年「尼克森主義」指導下，也希望拉攏中國大陸來對付蘇聯，中美雙方於是在 1970 年代初走向和解。

（一）乒乓球外交（1971）

　　1971 年第 31 屆世界桌球錦標賽舉辦期間，中國代表隊乘坐巴士從體育館返回賓館時，美國運動員科恩（G. Cowan）搭便車。起初大家並未有任何交流，但後來中國運動員莊則棟主動與其握手寒暄，並送他一塊杭州織錦作為紀念。翌日，科恩隨即準備一件印有和平標記和「Let It Be」字樣的運動衫回贈。事後，記者詢問科恩是否想去中國這個國家？科恩給予肯定答案。

　　之後，美國國家桌球隊副領隊哈里森（Harrison）詢問中國大陸，能否邀請美國隊前往訪問，毛澤東得知此消息後，立即指示發出正式邀請。同年 4 月，美國桌球協會官員、新聞記者以及運動員訪問北京。隔年 4 月，中國桌球隊也回訪美國並參觀底特律及遊覽迪士尼樂園，此一過程被媒體稱為「乒乓球外交」，不僅結束了中共政權與美國官方互不往來的局面，同時開啟了雙邊和解大門。

（二）尼克森訪華與上海公報（1972）

❶公報的簽署

　　1971 年 7 月，美國國家安全顧問季辛吉（Henry Kissinger）途經巴基斯坦密訪中國大陸，為尼克森（Richard Nixon）總統訪華鋪路；隔年 2 月，應中國國務院總理周恩來的邀請，尼克森總統前往中國進行訪問，期間不僅訪問了北京、杭州及上海等城市，同時並與周恩來簽署了《上海公報》。

❷中國原則之各自表述

　　在前述公報中，中共方面重申自己立場；台灣問題是阻礙兩國關係正常化的關鍵問題；中華人民共和國政府是中國唯一合法政府；台灣是中國的一省，早已歸還國；解放台灣是中國內政，別國無權干涉；全部美國武裝力量和軍事設施必須從台灣撤走。中國政府堅決反對任何旨在製造「一中一台」，「一個中國、兩個政府」、「兩個中國」、「台灣獨立」和鼓吹「台灣地位未定」的活動。

　　對此，美國聲明「認知」（recognize）到「在台灣海峽兩邊的所有中國人都認為只有一個中國，台灣是中國的一部分」。美國對此不提出異議，但重申對由中國人自己和平解決台灣問題的關心。因此，美國確認從台灣撤出全部美國武裝力量和軍事設施的此一最終目標，美國將隨著地區緊張局勢的緩和而逐步減少在台灣的武裝力量和軍事設施。

尼克森訪華

蘇聯發展核子武器，
縮小軍事力量差距

美國的影響力逐漸下降，
國際體系呈現多極型態

深陷越戰泥沼，
貿易財政雙赤字

西歐、日本等盟國逐漸增強本身的
經濟力量，且成為美國的競爭對手

尼克森主義

❶美國將信守條約承諾
❷如果某個核子大國威脅美國盟國之自由，或
威脅到美國認為其生存攸關美國的國家安全
之國家的話，美國將提供保護
❸涉及非核子侵略時，美國將根據條約義務，
在被要求後提供軍事與經濟的援助，但希望
受到直接威脅的國家能在防務上承擔提供人
力的主要責任

希望拉攏中國大陸來對付蘇聯，中美雙方於是在1970年代初走向和解

乒乓球外交

中國運動員莊則棟贈送給美國
運動員科恩一塊杭州織錦作為
紀念

科恩回贈莊則棟印有和平標記
和「Let It Be」字樣的運動衫

1971年，美國桌球協會官員、
新聞記者以及運動員訪問北京

UNIT **2-5** 中美建交與台美斷交

（一）卡特政府推動中美建交（1978）

❶情勢丕變與美國政策調整

美國不僅在1977年與蘇聯的限制戰略武器談判（SALT-1）上，未取得預期成果，1979年初，由於親美的巴勒維政府被推翻及同年蘇聯入侵阿富汗，美國地緣戰略受到重大挑戰。為保護美國人質及應付蘇聯的軍事威脅，卡特（Jimmy Carter）政府乃被迫調整其外交政策。

❷談判與建交

據此，卡特決定聯合中國來制衡蘇聯，雙方展開「撤兵、廢約和斷交」的談判，藉此改善彼此關係。其中，美國提出：準備接受中國的建交三原則，但希望中國接受三項條件：

①建交後，美國準備單方面發表關於台灣問題和平解決的聲明。

②美國將在非官方基礎上與台灣保持經濟、文化等合作關係。

③美國將繼續向台灣出售武器。接著，1978年12月16日，中美雙方同時宣布從1979年1月1日起正式建立外交關係。美國宣布與台灣「斷交」、終止美台《共同防禦條約》，並從台灣撤走軍隊。另外，美國承認中共「只有一個中國，台灣是中國的一部分」的立場，但在此前提下，美國人民繼續與台灣人民保持商務、文化以及其他非官方的往來。

❸制定台灣關係法

中美建交後，美國國會隨即於1979年制定《台灣關係法》，藉此規範往後的美台關係，授權繼續維持美國人民與在台灣人民間之商業、文化及其他關係，以促進美國外交政策，並協助維持西太平洋之和平、安全與穩定。

（二）八一七公報與對台軍售（1982）

❶美國藉軍售問題維持兩岸發言權

1982年8月17日，中美雙方發表了「中美就解決美國向台出售武器問題的公告」，稱為《八一七公報》。由於軍售議題在雙方建交談判過程中沒有獲得解決，中國大陸聲明將在關係正常化後，將再次討論這個問題。由於雙方都認識到此一問題將嚴重妨礙彼此關係發展，在趙紫陽、雷根（Ronald Reagan）總統、外交部長黃華，以及國務卿海格（Hague）於1981年就該議題進行討論。經過冗長的談判後，雙方達成協議並發表了此一公告。

❷美國對台軍售之基本原則

美國強調非常重視與中國的關係，並重申無意侵犯中國主權和領土完整，無意干涉中國內政，也無意執行「兩個中國」或「一中一台」政策。美國不尋求執行一項長期向台灣出售武器的政策，向台灣出售的武器在性能和數量上將不超過中美建交後近幾年供應的水準，隨後將逐步減少對台軍售，經過一段時間導致最後的解決，亦即暗示最終的停止狀態。

卡特推動中美建交

卡特政府向蘇聯、東歐和第三世界國家所發動的廣泛的人權外交未達到預期的戰略目的

親美的巴勒維政府被推翻以及伊朗人質事件

蘇聯入侵阿富汗

1977年與蘇聯的限制戰略武器談判（SALT-2）未取得預期成果

卡特主義

任何外部勢力企圖控制波斯灣地區的嘗試都被視為是對美國利益的一種傷害，美國將使用一切必要的手段，包括使用軍事力量阻止這種傷害

為了因應蘇聯的軍事威脅，卡特政府乃被迫調整外交政策，
轉而與中國建交並與台灣斷交

★雷根總統提出對台六項保證

美國前駐台代表李潔明曾在回憶錄中提到，雷根在簽字前最後一分鐘，才體會到《八一七公報》的嚴重性，為了亡羊補牢，決定親手寫下備忘錄，重點包括「簽署公報的談判，是以下列諒解為前提：任何軍售的減少，將視台灣海峽的和平，及中國宣稱繼續尋求和平解決台灣問題的『大政方針』而定……。

簡言之，美國減少對台軍售的意願，絕對是以中國繼續承諾和平解決台灣與中華人民共和國間的歧見為條件……。

此外，提供台灣軍售的質量，須完全以中華人民共和國的威脅為基準。就質與量而言，台灣的防衛能力一定要維持在與中華人民共和國能力的互相關係上。」

在《八一七公報》簽署前一個月，雷根政府曾向台灣提出六項保證：
❶美國對台軍售不設定終止期限
❷美國對台軍售不事先與中國諮商
❸美國不扮演兩岸調解人的角色
❹美國不修改《台灣關係法》
❺美國對台灣主權立場不改變，也就是不承認中國對台的主權主張
❻美國不能施壓台灣與中國談判

第 **3** 章

觀察兩岸關係之理論選項

● 章節體系架構

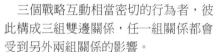

UNIT 3-1
戰略三角途徑

（一）戰略三角理論主張

❶構成要件

三個戰略互動相當密切的行為者，彼此構成三組雙邊關係，任一組關係都會受到另外兩組關係的影響。

❷四種類型

羅德明（Lowell Dittmer）將此戰略關係區分為 4 種類型：

①三邊家族型：三對雙邊關係都能維持友好狀態。

②羅曼蒂克型：其中兩對雙邊關係保持著友善關係。

③穩定結婚型：只有一對關係維持雙邊友善關係。

④單位否決型：三對雙邊關係都呈現敵對狀態。

❸六種角色

四種類型的三角關係將出現以下六種角色，其優越順位依序為——樞紐（pivot）＞朋友（friend）＞夥伴（partner）＞側翼（wing）＞敵人（foe）＞孤雛（outcast）。因此，身處不利的一方必然有「提升角色」的動機，其策略不是增加友善的數目，就是增加另外兩方的嫌隙。

（二）對兩岸關係的解讀

自 1949 年兩岸正式分治以來，美國、中共與台灣即呈現出戰略三角互動之態勢。美中台三角關係大至經歷以下幾個階段的變化：

❶結婚型→羅曼蒂克型（1950-1978）

冷戰初期，美國透過 1954 年的共同防禦條約，與台灣維持緊密的戰略合作關係。但在美國尼克森總統於 1972 年訪華並簽署《上海公報》後，美中台三角關係遂在中美關係正常化下，逐漸發展為羅曼蒂克型三角。

❷羅曼蒂克型→三邊家族型（1979-1994）

美國卡特總統雖與台灣斷交，並於 1979 年與中國大陸建交，但同時通過《台灣關係法》，繼續維持與台灣的實質互動，形成羅曼蒂克型三角，直到 1986 年廣州劫機事件開啟兩岸協商交流後，兩岸在 1992-1993 年間建立制度性協商管道，由而促成三邊家族型關係。

❸三邊家族型→羅曼蒂克型（1995-2008）

兩岸關係因 1995 年李登輝總統赴美國康乃爾大學訪問、1996 年台灣首屆總統直選等事件降到谷底。在 2000 年完成政黨輪替後，民進黨執政下，兩岸關係陷入緊張，導致中共在 2005 年推動《反分裂國家法》的立法。此時，由於美國積極介入緩和台海緊張態勢，由此再次扮演三角關係的樞紐性角色。

❹羅曼蒂克型→三邊家族型（2008-2014）

在 2008 年二次政黨輪替後，兩岸重啟中斷逾 9 年的兩會制度性協商，相繼完成直航三通、ECFA 等發展，美中台三角關係遂再度向三邊家族型發展。

❺三邊家族型→結婚型（2015-）

由於美國積極推動「重返亞洲」政策以圍堵中國大陸，至於兩岸自 2013 年簽署服貿協議後也引發一連串爭議，加上美國在 2016 年政黨輪替後積極透過法案拉攏台灣，且兩岸也再度進入政治對峙期，從而再度改變三角態勢。

戰略三角理論四種類型

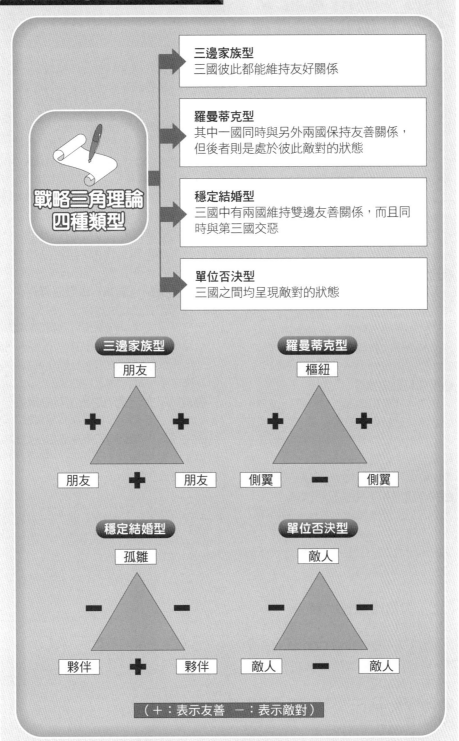

戰略三角理論
四種類型

三邊家族型
三國彼此都能維持友好關係

羅曼蒂克型
其中一國同時與另外兩國保持友善關係，
但後者則是處於彼此敵對的狀態

穩定結婚型
三國中有兩國維持雙邊友善關係，而且同
時與第三國交惡

單位否決型
三國之間均呈現敵對的狀態

三邊家族型

朋友

＋　　＋

朋友　　＋　　朋友

羅曼蒂克型

樞紐

＋　　＋

側翼　　－　　側翼

穩定結婚型

孤雛

－　　－

夥伴　　＋　　夥伴

單位否決型

敵人

－　　－

敵人　　－　　敵人

（＋：表示友善　－：表示敵對）

UNIT **3-2**
博弈理論途徑

（一）博奕理論基本主張

博弈理論（Game theory）亦稱為賽局理論，是研究具有對抗或競爭性現象的應用數學理論和方法，旨在分析遊戲中個體的預測行為和實際行為，並研究它們可能採取的優勢策略。在這類對抗賽局中，理論假定每個人都是理性自利的參與者，為獲得各自利益，各方必須考慮對手可能採取的方案，並在理性計算下選擇對自己最合理有利的方案。由此可分為以下幾種類型：

❶合作和非合作博弈

區別在於，參與者之間有沒有一個具有約束力的協議，如果有就是「合作博弈」，如果沒有就是「非合作博弈」。目前經濟學家們現在所談的賽局理論一般是指非合作博弈。

❷靜態和動態博弈

靜態博弈是指參與人同時進行選擇，或雖非同時選擇但後行動者不知道先行動者採取了什麼具體行動；動態博弈是指參與者的行動有先後順序，且後行動者能夠觀察到先行動者的策略選擇。

❸完全訊息和不完全訊息博弈

前者指每位參與者對其他人的特徵、策略空間及收益函數有準確的訊息；相反地，後者則是指參與者在缺乏資訊的情況下進行博弈。

（二）對兩岸關係的解讀

研究兩岸關係的學者，習慣套用博弈理論來分析兩岸策略互動之情境與決策。依博弈理論對賽局情境的分類，兩岸策略互動呈現以下特徵：

❶兩岸策略互動中同時存在合作與非合作博弈

合作博弈又稱「正和博弈」，意指各方達成一個強制執行的協議來分配收益，以獲得比不合作時更多的收益，或至少不會受到損害。兩岸透過歷次制度性協商簽署之多項合作協定，如直航三通、陸客來台觀光等，即是兩岸合作博弈的重要個案。非合作博弈意指參與者利益互不相容，包括「負和博弈」及「零和博弈」兩類，各方傾向在不可能達成具約束力協議的情況下，思考如何讓自己收益最大的策略選擇。兩岸在政治及軍事互動上，由於事涉敏感的主權問題，因此呈現非合作博弈的特徵。

❷兩岸策略互動為一種動態博弈

兩岸政府之政策過程，一般有其先後順序而非同時進行決策，且後行動者均以觀察先行動者策略作為決策基礎，而前者亦以後者所做出之行動為依據，作為第二輪策略選擇之基礎。

❸資訊不完全透明之策略互動環境

由於中國大陸迄今仍採一黨專政政治體制，其決策過程仍是外界無法判讀之黑箱，因此兩岸進行策略選擇時資訊並未完全透明。

博弈理論的類型

賽局類別表	決策優先順序	內容概要	範例
（甲） 合作（C）／背叛（D）——**（乙）** 合作（C）：（2,2）（0,3） 背叛（D）：（3,0）（1,1）	DC ＞ CC ＞ DD ＞ CD（囚犯困境）是雙方均不曉得對方意圖下的獨自推斷，這種狀況是非常危險的；相互背叛是一種納許的均衡 —— 兩岸的狀況。	參與賽局兩人同時做選擇，你的選擇沒有辦法影響對方的選擇，反之亦然；不管對方怎麼做，你選擇背叛都會得到較好的結果。此意謂你應該選擇背叛。	白搭車困境、泰國紅、黃衫軍的政爭、認罪協商、核武競賽（確保互相毀滅、多目標彈頭重返載具）。
合作（C）／背叛（D） 合作（C）：（1,1）（0,3） 背叛（D）：（3,0）（2,2）	DC ＞ DD ＞ CC ＞ CD（僵局賽局）公開面對使對方知情，瞭解意圖，但堅持己見成僵局，需有仲裁者有效調解 —— 南北韓狀況。	在僵局中參與者很快決定選擇背叛，認為背叛會得到較好結果，雙方偏好相互背叛（納許均衡）大於相互合作。	美蘇裁武協定（2009年美國歐巴馬總統釋出削減1/3核武器之訊息，將打破此僵局）。
急轉彎（C）／朝前猛開（D） 急轉彎（C）：（2,2）（1,3） 朝前猛開（D）：（3,1）（0,0）	DC ＞ CC ＞ CD ＞ DD（膽小鬼賽局）——強勢作為之下，另一方被迫屈服。	雙方都選擇與對方相反的行動方針；如果知道對方將驅車直行，必然會急轉彎（膽小鬼總比死好）；相反地，若知道對方將轉彎，就會採取驅車直行方案。	古巴飛彈危機、邊緣運用策略（Brinkmanship）、天安門事件及勞資談判破裂等實例。
圍捕公鹿（C）／抓野兔（D） 圍捕公鹿（C）：（3,3）（0,2） 抓野兔（D）：（2,0）（1,1）	CC ＞ DC ＞ DD ＞ CD（圍捕公鹿賽局）——國際合作之下的利益共享。	在狩獵團隊中，任何人都不夠強壯到足以獨自一人制服一頭公鹿（獲得最大利益）。獨自一人僅能抓一隻野兔，若大家的心理希望獵捕公鹿更勝於野兔時，就必須同心協力才能獲利最大。	製造毀滅性武器之困境（原子彈或核彈）、G20經濟合作會議。

註：以 C 表示「Cooperation」（合作）策略；以 D 表示「Defense」（背叛）策略。表內每格有兩個數字（A, B），前一數字 A 為「橫行參與者」的報酬，所謂橫列參與者就是選擇橫列作為其玩法的一方；後一數字 B 為「縱行參與者」的報酬，為非零和賽局，所以沒有原來「一人所得是另一人所失」之假設。

資料來源：龐士東（William Poundstone）著，葉家興譯，《囚犯的兩難 —— 賽局理論與數學天才馮紐曼的故事》（臺北：左岸文化事業有限公司出版，民國96年），頁155-286；經作者綜整繪表。

UNIT 3-3
功能主義途徑

（一）整合理論基本主張

❶ 傳統功能主義（functionalism）提出「分枝說」，認為國家間特定領域的合作經驗將促成其他領域的發展，進而形成功能性的互賴網絡，並在人民共同期待下，將國家主權讓渡給一個能滿足社會和經濟需求的國際機構。

❷ 新功能主義（neo-functionalism）則考量到功能性整合的侷限性並做出修正，強調政府領導人和社會菁英在整合的過程中的積極角色，以及利益團體對於鞏固整合成果並促進永續發展的重要影響，稱為「外溢效果」。

❸ 區域整合理論者由此認為，敵對國家在政治菁英主導下從較不具爭議的經貿議題進行合作，並以利益團體作為整合過程的催化劑，則功能性合作的成果將外溢至其他敏感領域之合作，包括政治與軍事安全事務之協商。

（二）對兩岸關係的解讀

❶ 高階與低階政治的二分，亦即將經濟貿易等「福利政治」與軍事安全之「高階政治」議題予以區隔，將有助於區域國家進行功能性合作，並作為推動更高程度整合之基礎。

①1992 年兩岸達成擱置政治爭議、強調一中各表之「九二共識」，為 1993 年辜汪會談之制度性協商得以召開的重要基礎。

②2000 年民進黨執政期間，在統獨意識高漲下，經貿等福利政治議題無法完全抽離高階政治爭議，以致兩岸功能性合作幾近停擺。

③2008 年國民黨重拾執政權後，海基─海協兩會協商亦在「九二共識」的基礎上重啟談判，陸續完成兩岸三通直航、陸客來台觀光、ECFA 等重要談判，兩岸由此邁入全面交流的新紀元。

❷ 敵對國家之間透過功能性合作經驗的累積，有助於政治菁英與利益團體培養合作的意願與默契，並在區域經濟整合過程中逐漸就敏感的「高階政治」議題進行討論。

①我國因國際地位特殊以及受到中國因素的影響，長期被排除在亞太地區洽簽 FTA 潮流之外，雖然政府持續透過 APEC 與經貿夥伴協商合作，但始終無法融入「東協加 N」的整合進程，逐漸浮現邊緣化之危機。

②2012 年 8 月底，大陸國台辦常務副主任、海協會副會長鄭立中在大連台灣名品展上即曾公開表示「在一個中國原則下，今年底東協會議上幫助台灣加入東協 FTA，一切好談」。依目前兩岸和睦的雙邊關係，以及 ECFA 執行與後續談判的順利進展，我國在中國支持下加入 RCEP 亦不成問題。

③循此，在我國逐漸融入區域經濟整合的過程中，兩岸勢必將逐一就涉及敏感主權議題進行對話與協商，由而兩岸和平協定開啟合作之新契機。

功能主義

新興獨立國家卻缺乏國家的創建過程中所需要的共同的風俗習慣、語言、歷史經驗以及統一的自覺等民族性之基本要素，因而喪失建立國家的堅實基礎。

民族性演變成民族主義，並以此作為排他的正當性論述而造成國際衝突。因此，未來國際組織必須能讓各族群享有自己的文化和生活方式，並顧慮到他們的物質需求。

隨著科技所帶來的交往機會增加，跨國界互動都會在國家間產生一定程度的合作和衝突。因此，國家的決策不再單純是國內事務，國內與國際兩者的界限已逐漸模糊。

科技進步造成國際議題產生急遽的變化，並使得所有國家都必須共同面對；且國家無法單獨解決而必須設立國際組織來合作處理。

密特羅尼

功能主義：「分枝理論」

國家和國際組織已經無法滿足人們的需要時，而必須設立新的功能性國際組織。為了避免糾結於傳統的國家安全領域議題，功能主義理論者以多重領域合作為研究重心，相信不同國家之間若能在特定技術領域中達成合作，合作的過程將會逐步導致其他技術領域中合作的出現。是以，單一部門的職能合作將可「分枝」或「擴散」到其他的部門或領域。

功能主義理論秉持兩個基本核心論點

互賴擴張論
某一部門間的合作將是其他部門間合作的原因，同時也是另一部門間合作的的結果。這種部門間合作在持續擴散分枝後，將會形成一套功能性的互賴網絡，最終可能滲入高階政治領域之中。

忠誠轉移論
當各國民眾發現可以透過功能性組織合作得到自身國家所無法滿足的服務與需求滿足時，民眾將會把原來對自身所屬國的忠誠轉移至相關的功能性組織上。

UNIT **3-4**
溝通行動理論途徑

（一）溝通行動理論基本主張

哈伯瑪斯（J. Habermas）提出溝通行動理論，強調意識形態的社會宰制現象是透過語言而形成，其主張如下：

❶語言容易淪為個人或集團「偏頗地」表達意見（如透過政治宣傳、大眾傳播媒介等），進而壓抑他人或其他集團意見的工具，並造成意識形態的社會宰制現象。

❷批判或削弱特定意識形態，必須透過「理想的言語情境」進行，亦即在肯定個人具有溝通理性和能力的前提下，與他人形成自主、和諧且毫無宰制的溝通情境。

❸語言溝通的基本單位是「言語行動」，其主要內涵包含「命題內容」和「言語外的力量或構成要素」，而一個成功的言語行動，必須滿足下列有效性聲稱（validity claim）的條件：真理性聲稱（說話者聲稱命題內容為真，具有認知事實的功能）、真誠性聲稱（說話者保證表達的感情和意向是真誠的，具有表意的功能）、正當性聲稱（說話者聲稱言語行動是正當的，具有調節行為、建立合法人際關係的功能）。

（二）對兩岸關係的解讀

所謂「一個中國」原則即是上述意識形態話語霸權的展現。中國大陸提出該原則，旨在強調國際法上對於主權的全面繼承與獨享性。準此，包括 1972 年美中《上海公報》及 1978 年《建交公報》，均認知到兩岸只有一個中國，而台灣是中國的一部分。

❶舊三段論

中共傳統上將一個中國原則詮釋為「世界上只有一個中國，台灣是中國的一部分，中華人民共和國是中國的唯一合法政府」。

❷一個中國白皮書

2000 年國務院《一個中國的原則與台灣問題》白皮書，重申中共立場，要求世界各國不支持我國加入聯合國，及其他只能由主權國家參加的國際組織。

❸新三段論

2002 年第九屆人大五次會議首次將一個中國原則列入官方文件，主張「世界上只有一個中國，大陸和台灣同屬一個中國，中國的主權和領土完整不容分割」。

1992 年 10 月，海基會與海協會就「公證書使用」及「掛號函件」問題在香港舉行第二次處長級工作性商談。次月，海協會致函海基會，同意以各自表述方式表明堅持一個中國原則：「海峽兩岸都堅持一個中國的原則，努力謀求國家的統一。但在海峽兩岸事務性商談中，不涉及一個中國的政治含義。本此精神，對兩岸公證書使用（或其他商談事務）加以妥善解決。」此即日後為兩會進行事務性商談創立信任條件之所謂「九二共識」。換言之，「九二共識」削弱了一個中國原則的話語壓迫，不僅滿足「有效性聲稱」的各項條件，更為兩岸協商談判創造了「理想的言語情境」。

溝通行為理論

晚期資本主義社會危機的根源來自於社會再生產的關係被扭曲，或出現不合理的現象，主要是因為技術化的氾濫和官僚化過度的統治。

技術化的氾濫和官僚化過度的統治使得溝通行動的主體（人）淪為客體或是手段，甚至被異化為工具性的、功能性的生產行為，因而造成晚期資本主義合理性與合法性出現危機。

溝通行為的不合理導致無法建立起相互信任與相互理解的目標。

哈伯瑪斯

溝通行動理論

強調意識形態的社會宰制現象是透過語言而形成

中國話語權霸權的展現歷程

舊三段論

世界上只有一個中國，
台灣是中國的一部分，
中華人民共和國是中國的唯一合法政府

↓

《一個中國的原則與台灣問題》白皮書

要求世界各國不支持我國加入聯合國，
及其他只能由主權國家參加的國際組織

↓

新三段論

世界上只有一個中國，
大陸和台灣同屬一個中國，
中國的主權和領土完整不容分割

UNIT 3-5
建構主義途徑

圖解兩岸關係

（一）建構主義基本主張

❶ 社會建構主義者認為國家間並非先天就存在衝突、合作、或共存的關係，而是在歷史、文化、政治與社會脈絡內社會實踐下的結果。

❷ 國家經由相互主義的互動與意涵建立認同，並經由認同過程定義自我角色與其他國家之間的關係，進而在認同基礎上定義國家利益與行動目標，據以採取適當行動。

❸ 國際社會的無政府狀態是由國家透過「共有期望」與「社會實踐」所建構，而無政府狀態的意涵取決於國家之間的共同期待。國家間透過共同期待與持續不斷的社會實踐，進而建構了三種特定的體系文化：敵對思維創造出「霍布斯文化」；相互競爭形成「洛克文化」；信任與合作則出現「康德文化」。

（二）對兩岸關係的解讀

❶ 自 1949 年分治以來，兩岸關係持續在「衝突」與「合作」之間擺盪。此一現象表明，當前台海兩岸關係並非單純由零和思維所驅動，兩岸政府在「擱置爭議」與「對話協商」的原則下，雙邊關係仍存在相當大的發展空間。

　　① 衝突方面

　　兩岸除歷經一江山戰役、八二三金門砲戰以及 1996 台海飛彈威脅等三次台海危機，一度陷入瀕戰邊緣狀態外，亦曾因「一邊一國論」、終止《國家統一綱領》和制定《反分裂法》等事件而陷入嚴重政治僵局，升高兩岸對立情勢。

　　② 合作方面

　　兩岸自 1992 年達成制度化協商默契後，即陸續經由海基－海協兩會協商平台加速擴大兩岸交流的質與量；其間雖因民進黨執政而中斷逾 9 年，但 2008 年二次政黨輪替後隨即重啟雙邊協商管道，並實現兩岸全面三通直航、簽署 ECFA 以及陸客來台觀光等新里程。

❷ 進而言之，兩岸政府依其對自我身分的認知，持續在主權衝突和經貿合作之間進行國家利益的抉擇，並採取相對應之外交與軍事政策。

　　① 兩岸在複雜的政治、經濟、文化、宗教等歷史遺緒下，彼此承繼了相互敵對的衝突理念，並透過國家間相互主觀的社會實踐，增強並再造這種衝突的理念，最後產生自我實現預言的現象。國家間持續的社會實踐，讓「洛克文化」甚至「霍布斯文化」體系成為台海地區的客觀事實，進而對區域安全合作之進程造成直接的影響。

　　② 但若能持續依循 1993 年辜汪會談迄今行之有年之兩會制度性協商模式，以擱置主權爭議方式轉化彼此認知上的分歧，則有助於達成彼此國家利益的最大公約數，繼續推進與擴大兩岸各領域之合作。

　　③ 由此可見，促進台海安全合作的關鍵，即如何在區域國家互動的社會脈絡中，進行認知、文化、價值等觀念要素的根本性改變。

社會建構主義

社會建構主義

溫特

國家是國際政治理論分析的主要單元或國際社會的行為者

國際體系的結構中,最重要的是「共享觀念」,即觀念的分配,而不是物質力量的分配

國家的利益和認同在很大程度上是按照共享觀念的結構建構而成的,這種共享觀念的結構影響了國家行為

共享觀念 → 認同(身分) → 國家利益 → 國家行為

兩岸關係的解讀

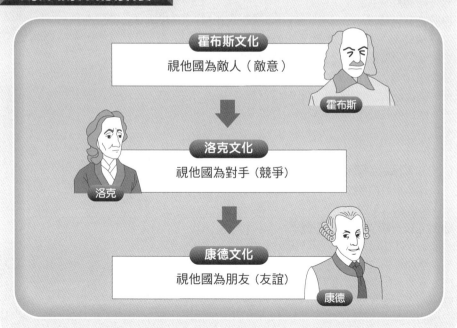

霍布斯文化

視他國為敵人(敵意)

霍布斯

洛克文化

視他國為對手(競爭)

洛克

康德文化

視他國為朋友(友誼)

康德

UNIT **3-6** 分裂國家模式

（一）分裂國家模式觀點

二次大戰結束後，國際社會出現了德國、韓國、越南、中國等4個新型的分裂國家。這些國家在分裂前，均擁有共同語言、歷史、文化、國家意識與政府機構，而今卻信奉不同意識形態，採行互異的政經與社會體制，並以追求國家再統一為其政策目標。其發展模式大致包括以下三個：

❶武力統一模式

上述四國均於國家分裂初期採行過武力方式進行統一，但只有越南成功透過此一模式結束分裂狀態，但付出重大人員傷亡和經濟損失。

❷政治協商模式

此模式以東、西德統一為代表，亦即由雙方政府進行政治協商，並就統一後安排達成規劃方案。此一模式必須建立在雙方政治和解的基礎之上，而有效排除外部勢力的干擾。

❸經濟整合模式

在短時間內無法消除政治對峙的分裂國家中，事先透過經貿交流或事務性合作來培養互信基礎，不失為降低衝突、進而結束分裂國家狀態的可行辦法，兩韓在開城工業區的經濟合作即是一例。

（二）對兩岸關係的解讀

綜合以上分裂國家模式的討論，目前兩岸發展模式定位如下：

❶武力統一模式已非優先選項

歷經一江山戰役、八二三砲戰、台海飛彈事件等三次台海危機，兩岸政府在成本－效益的理性計算下，均認同武力統一模式代價高昂，並非結束兩岸分裂狀態的合理途徑。

❷政治協商模式有其極限

自1986年劫機事件開啟協商大門以來，兩岸政府從早期間接透過紅十字會接觸，漸次提升為兩會半官方制度性協商平台，甚至在民進黨執政時發展出「國共論壇」的二軌替代方案，但迄今尚未具備兩德經驗中的和解基礎，由於北京當局仍極力壓縮台灣的國際空間，以致兩岸主權對抗情勢迄今未能出現實質而顯著的緩解趨勢。

❸經濟整合模式提供可能轉機

循功能主義論者主張，台灣於1988年開放台商赴大陸投資，並在九二共識基礎上秉持「一個中國、各自表述」原則，自1993年起加速經貿交流進程。近年來，功能性合作向政治性整合擴溢的現象相當顯著，兩岸雖然還談不上放棄主權對抗之立場，但透過直航三通、ECFA、陸客自由行等政策進行頻繁互動與交流下，亦逐漸呈現出類似歐盟經驗之兩岸統合之趨勢。

分裂國家模式

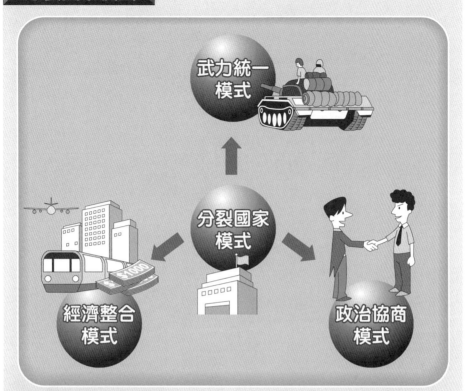

兩岸發展模式

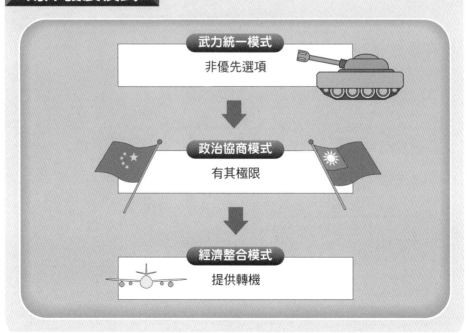

第 **4** 章

影響兩岸關係發展
的國際因素

● 章節體系架構 ▼

UNIT *4-1*
兩岸關係中的主權問題

圖解兩岸關係

根據目前體系規範，國家不僅是國際關係中最重要的法律主體，透過承認以獲得客觀之「主權」地位，則是國家存在不可或缺之象徵。理論上所謂主權具「單一性」，亦即在一個國家中僅有一個具合法性的政府得以享有，但冷戰以來顯然創造出某種例外，此即所謂「分裂國家」（divided nation）現象，其中包括了德國、中國、朝鮮和越南等。針對主權觀念對兩岸關係之影響，茲歸納如下：

（一）與台灣主權歸屬相關之文件

❶開羅宣言（1943）

「日本所竊取於中國的領土，如東北四省、台灣、澎湖群島等，應歸還中華民國」。

❷波茨坦公告（1945）

「開羅宣言之條件必將實施；而日本之主權，必將限於本州、北海道、九州、四國及吾人所決定其他小島之內」。

❸日本降伏文書（1945）

日本宣布接受波茨坦公告之宣示目標，等同接受開羅宣言，亦即台灣及澎湖地區主權應歸還中華民國。

❹舊金山和約（1951）

第 2 條規定「日本應放棄對台灣及澎湖列島之一切權利、權利名義與要求」。

❺中日和約（1952）

第 2 條明定「日本放棄對台灣、澎湖列島以及南沙群島及西沙群島的一切權益」；第 10 條規定「日本承認台灣及澎湖列島的居民係中華民國的國民」。

（二）兩岸主權競賽與邦交戰

❶台灣方面略占上風（1949-1960）

儘管在 1949 年兩岸進入「分治」局面後顯得實力懸殊。

❷兩岸在聯合國形成拉鋸戰（1961-1971）

由於大陸方面在非洲部分建交大有斬獲，再加上美國計畫轉向希望大陸與其聯手對抗蘇聯，於是在 1971 年 10 月 25 日的聯合國大會第 26 屆會議上，「恢復中華人民共和國在聯合國組織中的合法權利問題」表決以 2758 號決議案結果獲得通過，中華民國被迫退出聯合國。

❸台灣面臨斷交潮衝擊（1972-1988）

台灣不僅因退出聯合國而面臨自 1950 年代以來第二波斷交潮，在 1978 年底美台斷交後，更面臨第三波斷交潮，自此，總邦交國數字始終低於 30 個。

❹天安門陰影下的兩岸邦交戰（1989-1999）

由於大陸方面因 1989 年六四天安門事件遭致全球抵制，台灣也藉此有機會扭轉長期外交劣勢。

❺新世紀兩岸主權互動（2000-）

隨著中國大陸經濟崛起，國際影響力日增，尤其 2016 年後因台灣政黨輪替再度出現邦交戰，至 2018 年僅餘 17 個國家視中華民國為主權國家並與我建交。

蒙特維多國家權利與義務公約

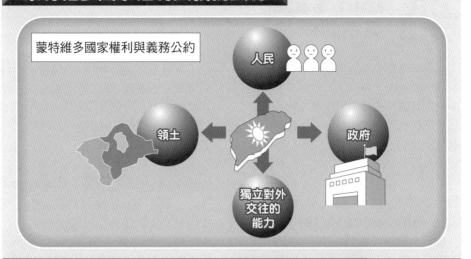

歷年台灣邦交國數目轉變（1988-2018）

兩岸相對主權關係變遷

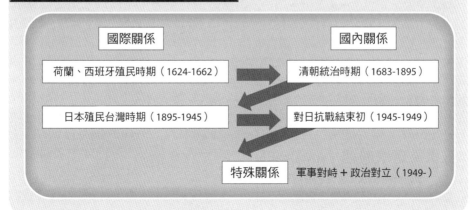

UNIT **4-2**
美台關係

回顧兩岸關係發展歷史，可以發現，長久以來美國在兩岸之間的往來與互動中扮演著關鍵的權力平衡者角色。接著就美國與台灣的互動為中心，將其互動發展分為以下五個階段，並藉此觀察其可能影響：

（一）不對稱同盟（asymmetric alliance, 1954-1970）

儘管台灣與美國藉由 1954 年的共同防禦條約形成同盟關係，但一方面台灣極度依賴美國，另方面則美國不斷以類似「宗主國」的角色代替台灣與中國大陸進行斡旋，因而使得台灣僅居於第二層級的次要消極地位。因此，在此時期，雙方處於「不對稱同盟」（asymmetric alliance）關係，某種程度上台灣主要依靠美國的協助來與中國大陸進行對抗。

（二）不確定的不對稱同盟（uncertain asymmetric alliance, 1971-1978）

由於國內外環境丕變，導致美國改變其外交政策，轉而改善與中國大陸之間的關係；首先，雙方陸續於 1972、1978 及 1982 年簽署《上海公報》、《建交公報》以及《八一七公報》，其次，由於美國的消極棄守態度，導致中共在 1971 年聯合國「恢復中華人民共和國在聯合國組織中的合法權利問題」投票中獲勝，這些都讓台美關係愈趨於不確定。

（三）長期準同盟（sustainable quasi-alliance, 1979-1997）

雖然因中美建交而導致美國與台北斷交，實際上台美關係仍透過制定《台灣關係法》而保有非正式的同盟性質，藉此維持雙方人民之間的商業、文化及其他關係，並保留台灣作為美國戰略工具之價值。

（四）介入性次同盟（intervening sub-alliance, 1998-2006）

由於中國大陸外交主軸從 1990 年代「反霸」轉為隱性「稱霸」，迫使美國於 1994 年公布「對台政策檢討報告」，並於隔年同意李登輝前總統訪美行程，藉此制衡中共，甚至進一步介入 1996 年的台海飛彈危機，派遣獨立號航空母艦進駐台灣東北海域，以及從中東波斯灣地區調派尼米茲號航空母艦駛往台灣東部海域警戒。另外，美國前白宮國家安全會議亞太資深主任李侃如（Kenneth Lieberthal）也在 1998 年建議兩岸應簽署維持現狀五十年不變的「中程協議」，顯示美國有意提升自身在兩岸關係中的「調停者」角色。

（五）調停性次同盟（mediating sub-alliance, 2007-）

誠如蘭德（RAND）公司在 2007 年「台灣問題解決後之美中關係」的研究報告中所指出，美國應該選舉某種折衷方案，意即在台灣自我節制獨立企圖下，推動兩岸簽署和平協議。因此，美國在試圖升高調停層次之下，所扮演的角色已從原先的「介入者」轉變為「誠實中間人」（honest broker），甚至在重返亞洲之際仍不排除撤退的可能性。

美國兩岸政策標準版

美國兩岸政策標準版

一中政策	鼓勵兩岸和平對話解決歧見
美中三公報	
台灣關係法	不支持台海任一方片面改變現狀

美中三聯合公報

美中三聯合公報

《上海公報》 1972.2.28
美國認知（acknowledges）到台海兩邊中國人都認為只有一個中國，台灣是中國的一部分。美國政府對這一立場不提出異議。和平解決台灣問題。

《建交公報》 1979.1.1
美國政府認知中國的立場，即只有一個中國，台灣是中國的一部分。

《八一七公報》 1982.8.17
美國準備逐步減少它對台灣的武器出售，並經過一段時間導致最後的解決。

《台灣關係法》（美國的政策）

台灣關係法

維持及促進美國人民與台灣之人民間廣泛、密切及友好的商務、文化及其他各種關係；並且維持及促進美國人民與中國大陸人民及其他西太平洋地區人民間的同種關係；

表明西太平洋地區的和平及安定符合美國的政治、安全及經濟利益，而且是國際關切的事務；

表明美國決定和「中華人民共和國」建立外交關係之舉，是基於台灣的前途將以和平方式決定這一期望；

任何企圖以非和平方式來決定台灣的前途之舉──包括使用經濟抵制及禁運手段在內，將被視為對西太平洋地區和平及安定的威脅，而為美國所嚴重關切；

提供防禦性武器給台灣人民；

維持美國的能力，以抵抗任何訴諸武力、或使用其他方式高壓手段，而危及台灣人民安全及社會經濟制度的行動。

UNIT 4-3
美日同盟

由於美國長期在兩岸關係中扮演關鍵角色，而日本又是美國在亞洲最重要盟邦，美日戰略合作當然與兩岸關係連動。

（一）美日安保的簽訂
❶美日安保條約的簽訂

韓戰爆發後，美日隨即在 1951 年簽署安全保障條約，在 1952 年結束占領階段後，為因應新的雙邊關係，1960 年雙方又簽訂新的《美日相互合作與安全保障條約》，宣示將會共同維持與發展武力以抵抗武裝攻擊。

❷影響

韓戰爆發後，美國意識到若台灣落入大陸之手，將威脅到美國在亞太地區的戰略部署，在 1951 年安保條約中雖未明確指出所謂遠東所涵蓋範圍，但負責協防台灣的第七艦隊就來自日本橫須賀基地。至於 1960 年條約既承襲「遠東條款」，美日更於 1969 年發表共同聲明：「台灣地區的和平與安全之維護，對日本安全而言乃極為重要的因素」。

（二）美日安保的加強
❶防衛指針的提出（1978）

由於中美和解使日本感到不安，認為 1960 年條約的「原則性條款」不足因應國際局勢變遷，於是在 1978 年以「事務性條款」來加以補充。

❷防衛指針的修訂（1997）

為因應中國大陸崛起及台海飛彈危機，美日先於 1996 年公布新的「安保共同宣言」，然後於 1997 年提出「安保防衛新指針」，擴大日本的安全承諾與責任，儘管以「事態性質」而非「地理概念」來界定「周邊事態」的適用範圍，但實際的範圍當然包含台灣在內。

❸周邊事態法的制定（1999）

1999 年日本通過「周邊事態法」，因應對周邊的和平與安全具有重大影響之事態發生時所擬實施的對策措施。

（三）美日強化制度性合作
❶美日強化制度性合作（2005-2009）

2003 年以來，美日雙方針對基地重整協議、共同戰略目標、能力與任務分攤等議題進行諮商。2005 年透過雙邊安全諮商會議（2+2）發表包含「鼓勵通過對話和平解決台灣海峽問題」在內的 12 項「共同戰略目標」。並自 2007 年起針對如何因應台海危機進行研究。

❷新防衛指針的提出（2015）

相較於美日原先合作範圍僅限於朝鮮半島緊急事態與日本周邊問題，新指針則刪除了周邊事態限制，雙方決定將範圍超出亞太地區。尤其考慮到中國不斷增強軍備且擴大海上活動的現狀，以及釣魚台事態，雙方決定以「圍堵中國」為前提，透過無縫接軌形式來確保日本的和平及安全。

美日安保條約內容演變及其對兩岸關係的影響

年代	名稱	內容	對兩岸的影響
1951	日本國與美利堅合眾國之安全保障條約	確保非武裝日本的戰後安全，以及允許美軍駐紮日本	雖未明確指出所謂遠東所涵蓋範圍，但協防台灣的第七艦隊就來自日本橫須賀基地
1960	美日相互合作與安全保障條約	規定雙方防衛責任義務以及雙方對日美軍事前協議制度等	內容承襲「遠東條款」，美日雙方更於 1969 年發表共同聲明指出台灣地區的和平與安全之維護之重要性
1978	安保條約的防衛指南	認為 1960 年條約的「原則性條款」不足因應國際局勢變遷，於是以「事務性條款」來加以補充	其中明確指出美日雙方關於面臨遠東地區（菲律賓以北、日本及其周邊地區（包含韓國、台灣）衝突的共同合作等三個領域，進行合作演習、情報交換和共同研究。因此，讓斷交的美台互動仍藉由美日關係而拉攏在一起
1997	美日安保防衛新指針	擴大日本的安全承諾與責任，合作重點由因應冷戰移至日本的周邊危機	以「事態性質」而非「地理概念」來界定「周邊事態」的適用範圍，實際的範圍當然包含台灣在內
1999	周邊事態法	因應對周邊的和平與安全具有重大影響之事態發生時所擬實施的對策措施	中東、麻六甲海峽、南沙群島及台灣海峽等涉及日本能源的生命線，皆涵蓋在範圍內，美日雙方企圖以台灣問題來對中國進行牽制與圍堵
2005-2009	雙邊安全諮商會議（2+2）	發表包含「鼓勵通過對話和平解決台灣海峽問題」在內的 12 項「共同戰略目標」，並自 2007 年起針對如何因應台海危機進行研究	美日雙方主張以和平的方式來解決台海問題，某種程度上確保了兩岸關係的穩定
2014	新防衛指針	將美國與日本相互安全承諾與支持範圍，由亞太地區擴至全球，日本並修改自身安保法加以因應	待觀察

UNIT 4-4
WTO 架構

（一）從 GATT 到 WTO 的發展

為有效管理戰後國際經貿互動，美國早在 1945 年便建議成立「國際貿易組織」（ITO）來彌補不足之處，據此，聯合國經濟暨社會理事會於翌年通過美國的提案，但在籌備期間，與會國家於 1947 年進行多邊關稅減讓談判，並草擬「關稅暨貿易總協定」（GATT）條文。最後在美國宣布放棄導致 ITO 胎死腹中後，GATT 意外地扮演管理國際貿易與推動貿易自由化的多邊協定。但因 GATT 相關規範不夠完善，加拿大於 1990 年倡議成立世界貿易組織（WTO），最終於 1995 年 1 月 1 日正式成立。

（二）台灣加入 WTO 的過程

1990 年 1 月 1 日，台灣以「台澎金馬個別關稅領域」提出申請加入 GATT 但卻遭致擱置。直到 1991 年美歐等國的支持下，1992 年 GATT 才給予審查並授予觀察員身分。1995 年 WTO 成立後，歷經多次協商談判後，繼中共加入後，我國於 2002 年 1 月 1 日正式成為第 144 個會員國。

在台灣與中共同時爭取加入前，兩岸的政治互動主要集中在入會名義與順序的議題上。為避免因「兩個中國」或「一中一台」議題遭受阻撓，台灣在 1990 年根據第 33 條以「台澎金馬個別關稅領域」名義申請，然而，中國大陸仍指出：台灣只能在中國同意且以其所屬之關稅領域的名義來參加。

（三）兩岸加入 WTO 架構的爭議
❶一中原則的爭議

儘管台灣享有與其他會員國相同的權利，中共仍堅持「一中原則」，認為兩岸經貿關係只有在一個中國框架內才能得到發展。對此，台灣仍希望兩岸關係能夠在 WTO 框架下而「一般化」或「正常化」，兩岸處於對等的地位。

❷在 WTO 架構內外之互動

我國希望藉由加入 WTO 而使得兩岸相關事務正常化，且能夠進行對等協商或談判。然而，中國大陸卻堅持不需要透過這一多邊機制來進行互動，相關事務必須在 WTO 架構外進行解決。因此，中共以「國內化」與「不必透過 WTO」的原則，拒絕與台灣在 WTO 架構下進行互動。

❸會員權利與名稱之爭

WTO 會員國的權利義務雖應是對等的，但中共認為台灣不適用「成員國在 WTO 架構下簽署自由貿易協定的規範」規定，因為它是以單獨關稅領域名稱申請加入；且由於 GATT 第 24 條賦予 WTO 成員國可以簽署 FTA 的規定，指的是「國家」，故台灣不適用此規定。由於我國加入的名稱過長（台澎金馬關稅領域）且不好記憶外，加上中國大陸對此名稱亦有意見。幾經折衝後，我國接受以「中華台北」（Chinese Taipei）（亦即所謂奧會模式）作為簡稱。

GATT與WTO之比較表

GATT	WTO
一項多邊國際協定	一個獨立之國際組織
成員稱為「締約成員」	成員則稱為「會員」
未設立永久組織	一個具有國際法人人格之永久機構
臨時基礎上適用， 並未經所有締約國國會正式批准	經各會員國內正式程序批准， 各國對 WTO 的承諾具全面性及永久性
規範僅及於貨品貿易	除了有關貨品的規範外，尚包括服務貿易 及與貿易有關之智慧財產權

GATT與WTO歷次談判

年度	回合	談判主題	參加國家數
1947	第一回合	關稅	23
1949	第二回合	關稅	13
1951	第三回合	關稅	38
1956	第四回合	關稅	26
1960-1961	第五回合（狄倫回合）	關稅	26
1964-1967	第六回合（甘迺迪回合）	關稅及反傾銷措施	62
1973-1979	第七回合（東京回合）	關稅、非關稅措施及各項架構性規約，如：輸入許可證程序、海關估價、技術性貿易障礙、牛肉及國際乳品協定等	102
1986-1994	第八回合（烏拉圭回合）	關稅、非關稅措施、服務業、智慧財產權、爭端解決、紡織品、農業、設立 WTO 等	123
2001-2008	第九回合（多哈回合）	農業、非農產品市場准入、服務貿易、規則談判、爭端解決、知識產權、貿易與發展、貿易與環境	153

UNIT 4-5
APEC 架構

（一）APEC 的成立背景

亞太經濟合作（Asia-Pacific Economic Cooperation, APEC）係於 1989 年由澳大利亞總理霍克（Robert Hawke）提議而成立，主要目的為進一步提高該地區的經濟成長與繁榮以及強化亞太共同體。成立之初有 12 個創始成員，目前則共有 21 個成員國，決策是以共識決與自願性為基礎，各成員國採取開放性政策對話以達成區域內共享經濟繁榮的目標。其主要宗旨為，目的在於促進亞太地區經濟成長、合作及貿易與投資。藉由支持自由與開放貿易以及投資，提倡與加速區域經濟整合，促進經濟與技術合作，增加人類安全以及促進一個適合與可維持的貿易環境，成員國聯合起來以建立一個有活力以及和諧的亞太共同體。

（二）兩岸三地的共同加入

1991 年，透過韓國居中協調，我國以中華台北（Chinese Taipei）名稱與中國大陸及香港同時加入，成為台灣目前唯一加入的跨區域經濟多邊合作平台，不僅有助於增加兩岸接觸的機會，也成為彼此之間一個相互角力的場域。

（三）兩岸於 APEC 架構下的互動
❶平等會員地位之爭

爭執點在於台灣能否派遣具有主權代表性的官員與會；由於中共堅持台灣無法像各國一樣，由國家元首參與非正式領袖會議，故自 1993 年以來，後者僅能陸續指派經建會主委、總統府資政、央行總裁、中研院院長，及企業領袖來擔任代表。2008 年起迄今，儘管出席者身分提升至副總統層級的連戰與蕭萬

長，仍屬於卸任者。另外，台灣仍不能參加年度部長會議，行政院副院長以上的官員無法參與 APEC 各項會議與活動，以及無法參加涉有主權意涵的活動等。

❷議題主導權之爭

中共經常杯葛由台灣倡議或主導的議題，例如爭取主辦 APEC 案、金融危機後之資金援助方案等。另外於 1999 年工技小組會議中，中國大陸也曾為抗議台灣與馬其頓建交而封殺台灣的提案。

❸可從事合作之領域

中共與台灣共同參與之合作計畫相當有限，甚至在 1997 年金融危機發生時，台灣曾多次提議兩岸可合作協助亞洲解決相關挑戰，但遭到拒絕。

❹會外的互動

囿於國際現實與中共刻意限制，台灣雖然難以與其他非邦交國進行官方接觸，但透過 APEC 仍可藉由與各會員國會談與磋商來爭取其支持，尤其是關於兩岸政治議題與參與區域合作等。

綜上所述，APEC 雖提供兩岸接觸的機會與管道，近年來在副總統層級代表參與後，亦有助於解決溝通難題，但台灣進一步參與仍有待兩岸化解政治僵局。

APEC歷屆領導人非正式會議

日期	舉辦國家	舉辦城市	大陸代表	台灣代表
1993/11/20	美國	華盛頓	江澤民	蕭萬長
1994/11/15	印尼	茂物	江澤民	蕭萬長
1995/11/19	日本	大阪	江澤民	辜振甫
1996/11/25	菲律賓	蘇比克	江澤民	辜振甫
1997/11/25	加拿大	溫哥華	江澤民	辜振甫
1998/11/18	馬來西亞	吉隆坡	江澤民	江丙坤
1999/9/13	紐西蘭	奧克蘭	江澤民	江丙坤
2000/11/16	汶萊	斯里巴加灣	江澤民	彭淮南
2001/10/21	中國	上海	江澤民	缺席
2002/10/26-27	墨西哥	洛斯卡沃斯	江澤民	李遠哲
2003/10/20-21	泰國	曼谷	胡錦濤	李遠哲
2004/11/20-21	智利	聖地亞哥	胡錦濤	李遠哲
2005/11/18-19	南韓	釜山	胡錦濤	林信義
2006/11/18-19	越南	河內	胡錦濤	張忠謀
2007/9/8-9	澳洲	雪梨	胡錦濤	施振榮
2008/11/22-23	祕魯	利馬	胡錦濤	連戰
2009/11/14-15	新加坡	新加坡	胡錦濤	連戰
2010/11/13-14	日本	橫濱	胡錦濤	連戰
2011/11/12-13	美國	夏威夷	胡錦濤	連戰
2012/9/9-10	俄羅斯	海參崴	胡錦濤	連戰
2013/10/5-7	印尼	峇里島	習近平	蕭萬長
2014/11/10-11	中國	北京	習近平	蕭萬長
2015/11/18-19	菲律賓	馬尼拉	習近平	蕭萬長
2016/11/20-21	祕魯	利馬	習近平	宋楚瑜
2017/10/10-11	越南	峴港	習近平	宋楚瑜

UNIT **4-6** 東亞區域整合發展

（一）區域經濟整合的定義、類型與效應

根據布拉薩（Bela Balassa）指出，經濟整合指「國家之間共同廢除了彼此之間商品、服務與其他生產因素流動的相關限制與阻礙，使相關國家的市場逐漸合而為一的進程。」主要目的在於藉由跨國合作，達成參與成員國共同經濟繁榮與持續發展。由於參與國家彼此之間大多具備地緣鄰近性，「區域性」經濟合作備受重視。大體來說，區域經濟整合可分六個不同階段：優惠貿易協定、自由貿易區、關稅同盟、共同市場、經濟聯盟及完整經濟聯盟，過程中將產生「貿易創造」與「貿易移轉」兩種效應。

（二）東亞區域經濟整合現況

近年來，受到中國經濟崛起以及全球自由貿易協定（Free Trade Agreement, FTA）風潮的影響，東亞地區也興起了一股整合浪潮，首先，由於「中國—東協自由貿易區」在 2010 年全面啟動，促使日韓兩國在壓力下積極與東協進行協商並倡導成立「東協加三」（10+3），目前區域全面經濟夥伴協定（RCEP）即為其雛型。於此同時，美國則以跨太平洋夥伴協定（TPP）加入競爭行列；與此並進的，還有 2012 年啟動的中日韓三邊自貿區談判。

（三）台灣參與區域經濟合作的困境

如果持續被排除在前述區域甚至全球整合浪潮之外，向來仰賴出口的台灣貿易發展將會受到不利影響，國際競爭與吸引外來投資能力將大不如前；相關外貿環境的惡化，也會連動影響國內的就業、國民消費及經濟成長等。因此，面對全球方興未艾的區域整合浪潮，台灣必須積極地加強與各國簽訂 FTA，如此才能減緩貿易排擠效果。

（四）兩岸關係進展與台灣的因應作為

❶活路外交與兩岸關係和解

所謂「解鈴還須繫鈴人」，台灣的國際參與困境既源自兩岸關係僵局，誠如馬英九總統在 2014 年元旦談話中指出：政府推展對外經貿關係始終維持平衡策略，一方面努力改善兩岸關係，增進雙邊貿易與投資，另方面拓展國際關係，參與區域經濟整合，「兩者相輔相成，不可偏廢」。自從台灣方面在 2008 年後積極推動諸如「活路外交」及「外交休兵」等政策以改善兩岸關係後，兩岸經濟合作架構協議（ECFA）於 2010 年的簽署生效更為和解里程碑。

❷兩岸和解對台灣推動經濟合作之效益評估

長期以來，受到中共干預影響，他國與台灣洽簽自由貿易協定時，皆會考慮前者反應而有所顧忌；相對地，若兩岸關係有所改善，理論上亦可降低阻力以利於與他國簽署 FTA，2013 年的《台灣與新加坡經濟夥伴關係協定》以及《台紐經濟合作協定》即為一明顯例證，但在 2016 年台灣政黨輪替帶來兩岸政治僵局後，未來發展有待觀察。

經濟整合程度分類

	無關稅限額	共同對外關稅	人員、貨物、資金等之自由流通	經濟政策一致	政策及政治制度統一	事例
自由貿易區	*					EFTA, NAFTA
關稅同盟	*	*				歐洲共同體（1968年以後）
共同市場	*	*	*			單一歐洲市場
經濟聯盟	*	*	*	*		EU（1999年1月1日以後）
完全經濟整合	*	*	*	*	*	東、西德統一後
兩德之政、經整合 (2)	?	*	?	?	?	兩德經濟、貨幣暨社會聯盟（1990年7月1日起至兩德統一止）

區域經濟整合階段

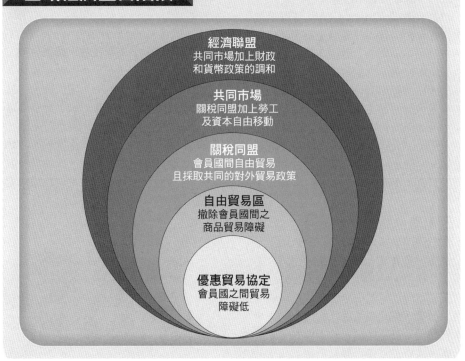

經濟聯盟
共同市場加上財政和貨幣政策的調和

共同市場
關稅同盟加上勞工及資本自由移動

關稅同盟
會員國間自由貿易且採取共同的對外貿易政策

自由貿易區
撤除會員國間之商品貿易障礙

優惠貿易協定
會員國之間貿易障礙低

UNIT *4-7*
東亞區域安全議題

近年來隨著中國快速崛起，不斷與周邊國家發生摩擦，同時促使美國決定採取更積極區域政策。由於台灣位處東亞地緣戰略重要位置，容易受區域情勢的影響，兩岸關係也可能因此受到影響。

（一）美國重返亞洲與再平衡

2008 年上台後，歐巴馬政府隨即宣誓重返亞洲，同時並陸續採取相關戰略思維，如「亞洲軸心」（pivot to Asia）以及「再平衡」（rebalance）等，同時在經濟上力倡 TPP 欲與 RCEP 相抗衡。未來台灣或許必須游走在美、中兩國之間以獲取最大利益，若稍有不慎，不僅無法成功地參與區域經濟整合，甚而影響美台以及兩岸關係。

（二）北韓核武問題

該議題雖看似不至直接對台灣造成太大影響，一旦南北韓發生衝突時，仍將牽動美中兩國權力競逐及戰略思維，以致衝擊台灣的未來發展。由於近年來中國大陸強調和諧世界觀，欲塑造有利於自身發展的和平穩定周邊環境，故不樂見台灣與北韓一樣成為區域麻煩製造者。因此，大陸或將優先考慮解決北韓問題，並願意與台灣發展良好的往來與互動以避免兩面受敵。

（三）南中國海爭端

由於南海地區是國際的主要航道，且石油蘊藏量豐富，加上中國、台灣、越南、菲律賓、馬來西亞和汶萊皆聲稱擁有主權，所以爭端由來已久且近來的衝突情勢有不斷升高的現象。對此，兩岸不約而同對東南亞國家的主權聲索進行抗議，同時主張以「擱置爭議，和平共同開發」方式解決。假使兩岸具類似立場，且能在九二共識基礎上進行合作，或將有助於共同維護南海主權，但其他國際勢力則未必樂見此一發展。

不過，中共在 2012 年正式設置三沙地級市後，隨即自 2013 年底起加速在永暑礁填海，至 2014 年已超越我國控制的太平島，躍居南沙群島的第一大島。接著在 2014-2015 年間又分別將東門礁與南薰礁各自擴大 200 倍，如同美國太平洋艦隊司令的說法，中國大陸透過南海造陸以「創造沙土長城」的作法，將「升高地區緊張情勢和誤判情勢的可能性」。

（四）釣魚台與東海衝突

2010 年，由於日本推動國有化政策，造成中日關係緊張。對此，台灣方面重申：「釣魚台列嶼乃台灣屬島、中華民國固有領土」，並公開提出「東海和平倡議」，重申「主權在我、擱置爭議、和平互惠、共同開發」等原則。儘管各方對於東海和平倡議的具體步驟（「三組雙邊對話」到「一組三邊協商」兩階段）迄今反應冷淡且尚未有具體進展，但未來兩岸若能在一些較不敏感與非政治性議題上展開合作的話，或將有助增加兩岸互信及往來；當然，對此在台灣內部也無法形成共識。

美國重返亞洲

重返亞洲 ➡ 亞太軸心 ➡ 再平衡

台日協議，釣島漁場擴大

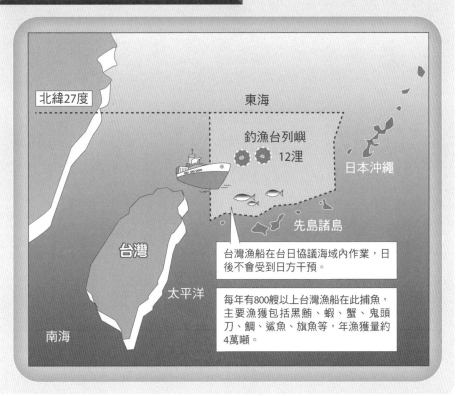

北緯27度

東海

釣漁台列嶼
12浬

日本沖繩

台灣

先島諸島

台灣漁船在台日協議海域內作業，日後不會受到日方干預。

太平洋

每年有800艘以上台灣漁船在此捕魚，主要漁獲包括黑鮪、蝦、蟹、鬼頭刀、鯛、鯊魚、旗魚等，年漁獲量約4萬噸。

南海

第 **5** 章

影響兩岸關係發展的國內因素

●●●●●●●●●●●●●●●●●●●●●●●●●●● 章節體系架構 ▼

UNIT **5-1**
領導認知層次

領導人認知是影響政府決策過程的重要因素。此處所謂領導人主要是指實際掌握行政權的菁英，其身分可能是總統、首相或國家主席。由於領導人位居政府決策核心，其成長背景、人生經驗、意識形態等，都會影響對外部環境（國際與國內）與特定政治事件的認知，進而反映在政策內容之中。因此，分析兩岸政府領導人認知因素的特點，將提供觀察兩岸關係發展的新途徑。

（一）台灣：隨政治變遷情勢挪動
❶李登輝時期（1987-2000）

跨越日治時期、國府遷台，乃至民主化階段的李登輝，其個人認知由「力促和平統一」逐漸轉變為「台灣主體意識」。反映在對大陸政策上，包括訂定《國統綱領》及《兩岸人民關係條例》，以及後期如1998年提出「新台灣人」主張及1999年的「兩國論」等，顯示較大的轉化過程。

❷陳水扁時期（2000-2008）

出身美麗島律師團的陳水扁，任內強化台灣主體意識，從第一任期的「四不一沒有」轉為第二任期的「四要一沒有」，同時推動「去中國化」政策來落實其台獨理念，如2002年提出「一邊一國論」，及其第二任期推動「入聯公投」及一系列「台灣正名」運動，色彩強烈。

❸馬英九時期（2008-2016）

作為戰後嬰兒潮與國民黨後起菁英，馬英九強調擱置統獨爭議以擴大兩岸交流，如2008年在國際記者會上公開承認「九二共識」，並表示任內不會談統獨議題，不支持法理台獨，並嘗試以中間路線達成「兩岸互不否認」。

（二）中國大陸：在一黨專政下具持續性
❶江澤民時期（1989-2002）

經歷建政過程、改革開放時期與天安門事件的江澤民，延續鄧小平政策，除在「江八點」談話中強調其「一個中國、和平統一、中國不打中國人」思維外，更進一步提出「三個代表」思想，主張讓私人企業家加入共產黨的政策。

❷胡錦濤時期（2003-2012）

唯一以「指定接班人」身分擔任領導的胡錦濤，堅持經濟開放並融入國際社會，提出和平崛起、和諧社會之「和諧世界觀」，藉以削弱周邊國家對中國崛起的威脅感，塑造有利於中共國家發展的國際環境。強調統一問題可「留待下一代人去解決」。

❸習近平時期（2013-）

出身文革世代的習近平，於2012年在中央黨刊《求是》撰文強調應保持「黨的純潔性」，同年率中共中央政治局常委參觀中國國家博物館「復興之路」展示時提出「中國夢」，將其定義為「實現中華民族偉大復興，就是中華民族近代以來最偉大的夢想」，表示目前比歷史上任何時期都更有信心實現此一目標。在2013年APEC會議上對蕭萬長先生所言：「台灣問題不能一代又一代傳下去」，也引起討論。

領導人認知

成長背景

＋

人生經驗

＋

意識形態

➡ 領導人對外部環境與特定政治事件的認知

從領導人認知看台灣政治變遷情勢

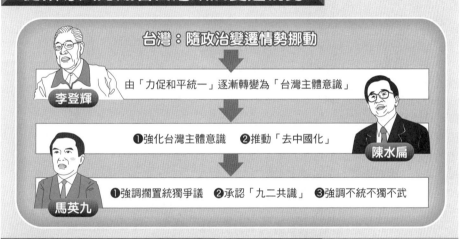

台灣：隨政治變遷情勢挪動

李登輝　由「力促和平統一」逐漸轉變為「台灣主體意識」

陳水扁　❶強化台灣主體意識　❷推動「去中國化」

馬英九　❶強調擱置統獨爭議　❷承認「九二共識」　❸強調不統不獨不武

從領導人認知看中國政治變遷情勢

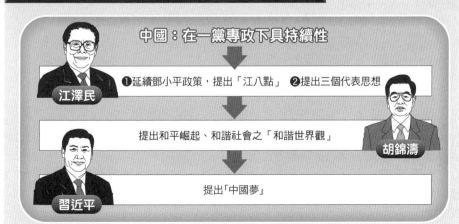

中國：在一黨專政下具持續性

江澤民　❶延續鄧小平政策，提出「江八點」　❷提出三個代表思想

胡錦濤　提出和平崛起、和諧社會之「和諧世界觀」

習近平　提出「中國夢」

UNIT 5-2
政黨政治層次

政黨是以執政為主要目標的利益團體。自 1949 年分治迄今，兩岸政黨政治呈現高度歧異的發展，對兩岸關係產生重大影響。

（一）台灣：漸次開放且和平完成政黨輪替

❶一黨專政時期（1949-1987）

在 1949 年宣布戒嚴後，同年國民政府遷台後又頒訂《懲治叛亂條例》等管制法令，凍結憲法賦予人民之基本權利。由此陸續出現雷震事件、中壢事件、美麗島事件等民主運動，黨外力量於 1986 年成立「民主進步黨」。

❷解除黨禁與民主化（1987-2000）

在蔣經國前總統於 1987 年宣布解嚴後，行政院於同年通過《人民團體組織法草案》，立法院也於 1989 年三讀通過《動員戡亂時期人民團體法》，人民據此可依法組織政治團體並從事相關活動。在民主化趨勢下，台灣政黨亦呈現多樣化發展，除國民黨和民進黨二大政黨外，親民黨、台聯、新黨、建國黨等，都曾經或繼續保有國會部分席次。

❸政黨輪替與民主深化（2000-）

2000 年第十任總統選舉由民進黨的陳水扁勝出，結束國民黨在台灣逾 55 年的執政，和平實現首次政黨輪替。至於 2008 年總統大選中，國民黨總統候選人馬英九當選並實現第二次輪替，則是另一里程碑。

（二）中國大陸：維持共產黨一黨專政

❶中共領導下的多黨合作和政治協商制度

該制度明定於憲法序言，意指政府由中國共產黨主導，其他民主黨派則負責協助。換言之，中國共產黨永遠保有執政黨地位，而各民主黨派則為忠誠的參政黨，長期共存、互相監督。雖然憲法允許公民結社，中國大陸目前只有 8 個民主黨派，且多是 1949 年前存在或在國共內戰中支持共黨者。

❷人民民主專政

大陸方面在憲法中使用人民民主專政一詞，毛澤東解釋為「剝奪反動派的發言權，只讓人民有發言權」，亦即可以專制方法來對待敵對勢力。

❸民主集中制原則

中共憲法不採納權力分立與制衡原則，而是「在民主基礎上的集中，在集中指導下的民主」，亦即由書記主持工作，而各委員集體研究制定部署、決定、規定和要求，並把它貫徹落實到各行政部門之中。

綜合上述，由於中國迄今仍堅持一黨專政，台灣方面則在 2000、2008 年以及 2016 年三度實現政黨輪替，後者的不確定往往成為兩岸關係發展的動因所在，前者為確保權力壟斷亦成為兩岸發展陷入僵局的變數。

台灣的政治光譜

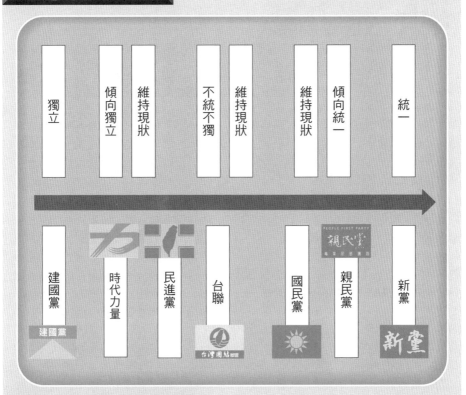

| 獨立 | 傾向獨立 | 維持現狀 | 不統不獨 | 維持現狀 | 維持現狀 | 傾向統一 | 統一 |

| 建國黨 | 時代力量 | 民進黨 | 台聯 | 國民黨 | 親民黨 | 新黨 |

中國政黨政治層次

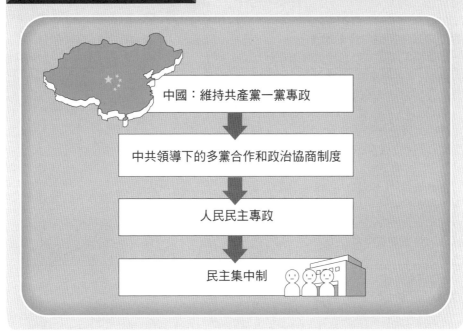

中國：維持共產黨一黨專政

中共領導下的多黨合作和政治協商制度

人民民主專政

民主集中制

UNIT 5-3 政府體制層次

　　兩岸分屬不同政府體制。《中華民國憲法》及其增修條文規定，我國政治體制為偏向總統制的「雙首長制」；《中華人民共和國憲法》則採中國共產黨領導的多黨合作和政治協商制度。在這二套截然不同政府體制運作下，讓兩岸關係發展變得更加多元而複雜。

（一）台灣部分

❶政府組織與兩岸關係主導機關

　　1949年後沿用五權憲法，政府區分為行政、立法、司法、考試、監察等五院，彼此分立制衡。1990年代修憲後，政府體制依憲法增修條文出現以下重大調整：首先是廢除國民大會，其次是行政院長改由總統直接任免，並增加不信任案及呈請總統解散立法院之設計。至於兩岸事務主管機關主要有三：國家安全會議、行政院大陸委員會（陸委會）、財團法人海峽兩岸交流基金會（海基會）。

❷兩岸政策相關之政治過程

　　①我國大陸政策發動權主要為總統及行政院，亦即由行政院各部會研擬草案後，經行政院會議議決議後提出並執行。

　　②自1993年啟動之兩岸兩會制度性協商，政府授權海基會負責與對岸海協會進行協商，並將成果交由行政院進一步規劃與落實。

　　③基於行政院向立法院負責的憲政體制，各部會首長有赴立法院相關委員會說明相關政策並接受質詢的義務，所提出之法律案、預算案亦由立法院進行審查與表決。

　　④2014年推動制定《兩岸協議監督條例》，目的使互動更具透明化。

（二）中國大陸部分

❶政府組織與兩岸關係主導機關

　　中共憲法規定，中華人民共和國實行「民主集中制」組織原則，國家最高權力機構為全國人民代表大會，常設機關為全國人民代表大會常務委員會（全國人大常委會），國家主席由全國人大選舉產生後對外代表國家，但與全國人大常委會聯合行使國家元首的職權，國務院為國家最高行政機關，由國務院總理負責統籌推行政策。至於兩岸事務主管機關為國務院台灣事務辦公室（國台辦）以及海峽兩岸關係協會（海協會）。

❷兩岸政策相關之政治過程

　　①中華人民共和國強調「以黨領政」，全國人民代表大會、政府機關、各級法院、各級學校、各級工會，甚至民營企業均設有黨組織，以貫徹由黨中央主導下訂定的國家政策。

　　②對台工作主要先由國務院依黨中央意向來確立政策方針，再交付國台辦貫徹執行；而若涉及與台灣政府協商部分，則授權海協會與對口之海基會進行。

我國中央政府體制

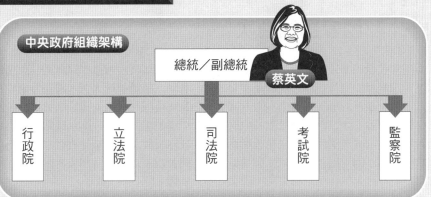

中央政府組織架構

總統／副總統 蔡英文

| 行政院 | 立法院 | 司法院 | 考試院 | 監察院 |

主管我國大陸政策之機關

國家安全會議

我國大陸政策主管機關

行政院大陸委員會

財團法人海峽兩岸交流基金會

憲政體制

	內閣制	總統制	雙首長制	
代表國家	英國	美國	法國第五共和	中華民國
元首的產生方式（國體）	世襲	間接選舉產生	人民直選	人民直選
元首	國王或女王（虛位）	總統（實權）	總統（實權）	總統（實權）
內閣首相的產生方式	首相由下議院多數黨黨魁擔任	國務卿由總統提名，經參議院同意後任命	總統直接任命總理	總統直接任命行政院院長，不需經立法院同意
閣員的身分（行政與立法關係）	閣員兼議員（行政與立法合一）	閣員不可兼任議員（行政與立法分立）	閣員不可兼任議員（行政與立法分立）	閣員不可兼任議員（行政與立法分立）
副署制度	有	無	有	有（唯總統任命行政院院長及經立法院同意之人事任免、解散立院，不需內閣副署）
倒閣權（不信任投票）	有	無	有	有
解散國會	首相可呈請元首解散國會	總統不可解散國會	總統可（主動）解散國會	總統可（被動）解散國會

UNIT 5-4
國家認同層次

　　所謂國家認同雖難以進行量化，也不存在普遍同意的測量指標，仍對兩岸關係發展產生深刻影響。事實上，若就黨國一體且言論自由目前相對受限的中國大陸而言，討論其國家認同議題有點不切實際；相反的，對言論自由受憲法保障且日益多元化的台灣社會來說，國家認同的討論則具重要意義。對此，其主要爭議可由以下三個面向進行觀察與說明：

（一）省籍情結

　　省籍情結意指台灣本省人與外省人之間的互動問題。所謂外省人，一般指二戰結束後來自中國大陸的移民，特別是 1949 年隨國民政府遷台者。由於本省人和外省人因「歷史記憶」及戒嚴時期「社會資源分配」差異，逐漸產生心理區隔感，並在政治事件（如二二八事件與白色恐怖）下孳生對立根源，以致影響台灣社會的和諧與發展。迄今，省籍情結雖因時代久遠與世代交替而逐漸淡化，每逢選舉或政府推動大陸政策之際，仍不時會在政治人物操作下造成社會對立。

（二）統獨爭議

　　相較具相對高度共識的中國大陸，台灣方面對於兩岸關係的未來預期則存在歧見，除絕大多數希望維持現狀外，主張兩岸統一或台灣獨立的團體亦長期各自存在，前者指由中華民國與中華人民共和國政府共同合併並組成新的單一主權國家，後者則希望擺脫來自中共政權的干預，於台灣建立在實質及法理上皆具獨立性的新國家來取代中華民國。

　　兩派人士明顯分屬政治光譜兩端，一般以深藍代表急統、深綠則為急獨的代名詞。每逢總統大選，統獨爭議經常成為檢視總統候選人兩岸論述與大陸政策辯論的焦點之一，而執政黨統獨立場的表態及其具體政策的推行，更成為在野陣營攻訐以及中共調整對台政策的重要依據。

（三）台灣主體意識

　　事實上，無論急統或急獨立場，目前均不受占多數之中間選民青睞（根據 2014 年民調僅各占 1.1% 與 4.7%），多數國民黨及民進黨政治人物也很現實地放棄這兩種極端主張，改以較不具爭議的台灣主體意識作為政策論述主軸。事實上，目前「台灣主體意識」並不存在普遍接受的定義，各政黨依其主觀認知而各自提出論述。但可以確定的是，以台灣為主體並不等於「台獨」，而是希望突顯並維持台灣的獨特性與主體性，並以此作為思考國家發展與擬訂相關政策的依據。

　　上述三個面向共同構成台灣國家認同的基礎。從過程看來，國家認同的形塑乃是一個動態建構的過程，它會隨著時空環境的變遷而改變，並反映出當時各種條件作用下大多數國人對「兩岸關係」定位的普遍認知。

國家認同層次的爭議

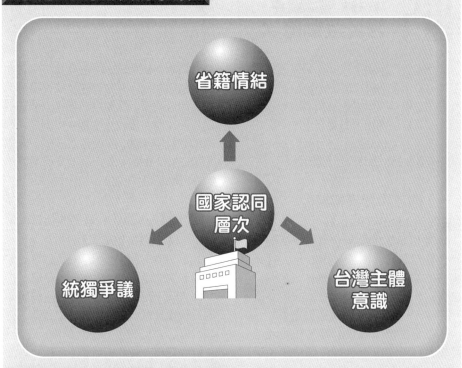

省籍情結

國家認同
層次

統獨爭議

台灣主體
意識

最近的統獨的民意調查

關於台灣和大陸的關係，有以下幾種不同的看法，請問您比較偏向哪一種？

統獨的
看法

盡快統一
盡快宣布獨立
維持現狀，以後走向統一
維持現狀，以後走向獨立
維持現狀，看情形再決定獨立或統一
永遠維持現狀

2018 年 6 月統獨民意調查

盡快統一	偏向統一	維持現狀再決定	永遠維持現狀	偏向獨立	盡快獨立	無意見
3.0%	12.5%	33.4%	23.7%	15.5%	4.8%	7.0%
15.5%		57.1%		20.3%		7.0%

UNIT **5-5** 經貿互動層次

兩岸經貿政策與兩岸政治關係既互為因果，各個時期政府兩岸經貿政策的變遷也在反映當時兩岸政治氛圍之餘，在反覆政策實踐過程中影響著兩岸關係的發展進程。以台灣為中心，可大致將兩岸經貿發展歸納為以下五個階段：

（一）開放與鬆綁初期
（1988-1995）

台灣方面自 1988 年起鬆綁台商赴大陸投資相關法令限制。1992 年，行政院公布《臺灣地區與大陸地區人民關係條例》，其中第 35 條規定國人得在政府許可下，赴大陸地區從事商業行為。1993 年，經濟部隨後訂定《在大陸地區從事投資或技術合作許可辦法》與《在大陸地區從事投資或技術合作審查原則》，區分為准許類、禁止類及專案審查類。

（二）戒急用忍時期
（1996-2000）

歷經 1995-1996 年間的台海飛彈危機，並完成首次總統直選後，為緩和台灣經濟過度向大陸傾斜的態勢，李登輝總統在全國經營者大會上揭櫫「戒急用忍」政策。據此，經濟部所頒布 1997 年新版《企業對大陸地區投資審查辦法》對高科技產業及基礎建設赴中國大陸投資予以嚴格限制，更對個別廠商訂定 5,000 萬美元之投資上限。

（三）積極開放、有效管理時期
（2001-2005）

兩岸於 2001 年先後加入 WTO 後，陳水扁總統於 2001 年 8 月召開「經濟發展諮詢委員會議」（經發會），宣布以「積極開放、有效管理」取代原先的戒急用忍政策。主要措施除建立兼顧效率、便民而明確的專案審查機制，更取消大陸投資 5,000 萬美元之上限，改以專業審查 2,000 萬美元以上及簡易審查 2,000 萬美元以下之新規定。

（四）積極管理、有效開放時期
（2006-2007）

為回應中國大陸透過《反分裂國家法》反制其連任現實，陳水扁總統於 2006 年元旦祝詞中宣示兩岸經貿將轉向「積極管理、有效開放」之政策，強調政府必須「積極」負起「管理」責任，才能「有效」降低「開放」風險，進而確保台灣永續發展之最大利益，接著政府分別針對人員、農業、經濟以及金融等四大類貿易進行檢討，並依各類所涉及之主要議題擬定相關強化管理機制。

（五）全面三通時期（2008-）

基於兩岸經貿熱度難以降溫，且面對全球市場開放潮流，2008 年國民黨重新執政後，海基─海協兩會制度性協商旋即於同年 6 月復談，相繼完成兩岸三通直航、陸客來台觀光等重要談判；2010 年，兩岸代表在第五次「江陳會談」中正式簽署 ECFA，確認各自同意降稅的早期收穫清單項目，由此邁入全面經貿開放交流的新紀元。

兩岸經貿發展的發展階段

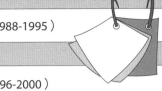

開放與鬆綁初期（1988-1995）

戒急用忍時期（1996-2000）

積極開放、有效管理時期（2001-2005）

積極管理、有效開放時期（2006-2007）

全面三通時期（2008-）

三通進程大事記

1979 年元旦	全國人大常委會發表《告台灣同胞書》，首倡兩岸盡快實現通航通郵
1989 年	兩岸郵件總包互相直封並經香港轉運
1993 年 4 月	兩岸互辦掛號函件業務
1997 年 4 月	福州、廈門和高雄間開始海上試點直航
1998 年 3 月	兩岸定期集裝箱班輪航線開通
2001 年初	金門、馬祖與福建沿海地區的海上客、貨運航線開通，俗稱「小三通」
2003 年春節	大陸批准台灣 6 家航空公司共 16 架次包機，從台北、高雄經停港澳至上海往返接送台商
2005 年	兩岸航空公司首次共同參與春節包機，航班實現雙向對飛
2006 年上半年	春節包機擴大到節日包機
2008 年 7 月	兩岸實施周末包機
2008 年 11 月	兩岸客運包機常態化並開通貨運包機，相互開放主要港口進行海運直航，並實現直接通郵
2008 年 12 月 15 日	兩岸海運直航、空運直航、直接通郵（大三通）啟動
2009 年 6 月	台灣宣布開放大陸企業赴台投資
2009 年 8 月	兩岸空運定期航班啟動

（新華社）

UNIT **5-6**
輿論趨向層次

（一）台灣對於兩岸關係之制度性輿論調查

　　基於自由選舉與政黨政治的持續民主實踐，不僅人民愈來愈能影響政府的政策方向及內容，特別是 1996 年總統改由公民直選後，至少就台灣而言，「民意」作為解釋兩岸關係發展變數的地位亦大幅提升。

　　自 1992 年起，陸委會便委託政治大學選舉研究中心進行長期調查。以最近一次為例，根據 2018 年 3 月陸委會公布之例行性民調結果顯示，主張「廣義維持現狀」者仍占大多數（84.8%），並有 8 成民眾支持兩岸應在不設前提下進行對話溝通。對目前兩岸交流速度認為「剛剛好」的民眾有 34.7%，認為「太快」及「太慢」的比例分別為 9.3% 及 43.4%。除此之外，82.2% 民意支持兩岸交流活動應排除政治思考，秉持對等尊嚴及符合法令規定的立場；84.4% 受訪民眾贊成維護兩岸良性互動是雙方共同的責任，不應有非和平或恫嚇性的言論或作為。

（二）台灣民意調查結果之解讀

　　由上述調查結果可知，台灣人民普遍支持兩岸繼續維持廣義的現狀，亦即不樂見兩岸政府任何一方單方面改變現狀；此外，多數人對兩岸擴大交流仍充滿正面期待，且普遍支持透過制度化協商方式來解決兩岸歧見並繼續交流。此一主流民意內涵直接影響國內各政黨大陸政策之取向及其實際內容。

　　以統獨議題為例，由於國人普遍希望維持目前政治現狀，促使國民黨由過去主張終極統一立場，在 2008 年透過馬英九宣示「不統、不獨」逐漸向中間靠攏；至於民進黨雖曾於 2000 年到 2008 年執政期間推動一系列正名運動，但近期也公開進行大陸政策辯論並不再刻意提及台獨黨綱，以拉攏傾向維持現狀的中間選民。

（三）進展有限之中國大陸輿論表達

　　在中國大陸方面，其憲法雖表面上保障人民的言論自由權，但因目前仍維持堅持一黨專政的政府體制，人民的言論、出版、遷徙、集會、結社等自由權利均受到一定程度的限制。近年來，雖陸續出現「烏坎村事件」、「海門鎮事件」等群眾運動，且擁有全球最大網路人口的現實也不無影響，但民主意識迄今未能在中國大陸內部累積充足能量，意見表達亦缺乏充分之公開平台，對於政治局勢與政府政策的影響力仍相當有限。

　　綜合以上討論，民意的確可以作為觀察兩岸關係發展的切入點，特別在我國總統大選將屆或兩岸重大政策議題出現時。但須謹記在心的是，「民意」的測量不易，再精準的民意調查結果，亦只能反映出特定情境下大多數人在一段時間內的思維趨勢。換言之，民意如流水，既沒有固定僵化的民意，更不可能存在一成不變的兩岸關係。

多元化之台灣民調機構

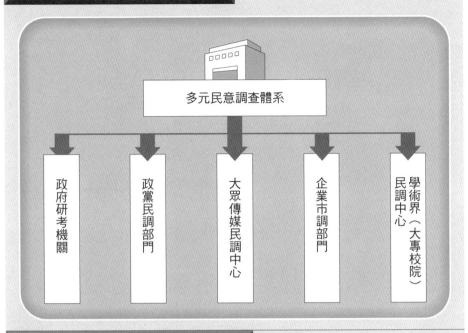

多元民意調查體系

政府研考機關

政黨民調部門

大眾傳媒民調中心

企業市調部門

學術界（大專校院）民調中心

台灣民眾之統獨立場趨勢

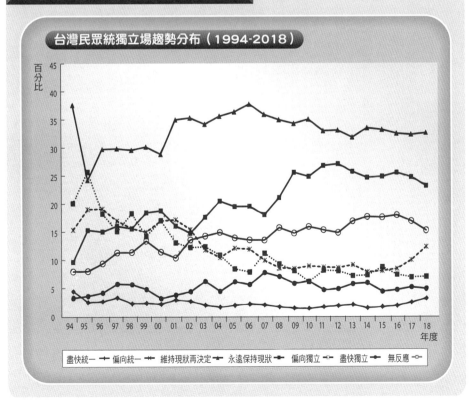

台灣民眾統獨立場趨勢分布（1994-2018）

百分比

盡快統一 → 偏向統一 → 維持現狀再決定 → 永遠保持現狀 → 偏向獨立 → 盡快獨立 → 無反應 →

年度

第 **6** 章

我國大陸政策發展

章節體系架構 ▼

UNIT **6-1**
蔣中正時期

圖解兩岸關係

（一）武力性反攻政策
（1949-1954）

❶國共內戰的延續性發展

自從 1949 年中共建政及國民政府遷台以來，兩岸正式進入分治時期。遷台的中華民國政府仍自認是代表中國的唯一合法政府，一方面視中共為竊占大陸的叛亂團體，蔣中正並於 1950 年公開提出「一年準備，兩年反攻；三年掃蕩，五年成功」之施政和宣傳重點，接著在 1952 年國民黨七全大會上通過「反攻大陸案」，確立台澎金馬為反攻大陸基地。但正如時任駐美大使的顧維鈞指出的，只有「當時機成熟、環境有利，且尤其是美國這一盟友願意幫忙時，國民政府會進行反攻」。

❷中美共同防禦條約（1954）

為施壓中共以求儘早結束韓戰，美國艾森豪（Dwight D. Eisenhower）總統除在 1953 年解除台灣中立化，宣示不再干預台灣對大陸採取軍事行動外，同時將駐台使節提升為大使級，最終促成 1954 年的共同防禦條約。

為報復美國，中共於 1954 年公布〈解放台灣聯合宣言〉，至於美國則由國會在 1955 年通過「台灣決議案」，授權總統動用武裝部隊來協防台澎。值得注意的是，由於美國透過協防範圍（只限台澎、不含金馬）暗示並不支持反攻政策，最終迫使國民政府對大陸政策開始轉向。

（二）宣示性反攻政策
（1955-1975）

❶反攻復國政策浮現（1957）

為因應中美共同防禦條約對武力反攻政策之制約現實，1957 年的國民黨八全大會乃透過確認「反共復國」政策，將「反攻大陸」口號逐漸轉變成「光復大陸」，藉此調整對內宣傳方向。

❷國光計畫（1961-1972）

在此時期，蔣中正雖以「三分軍事、七分政治」作為大陸政策方針，在可能的軍事行動中仍不斷透過所謂「國光計畫」執行多次登陸演習，但因美軍顧問團於金門設置 707 小組監視台灣的反攻行動，最終毫無進展。

❸中華文化復興運動（1966）

儘管連年政治運動與天災在 1960 年代初造成大陸內部饑荒與難民潮，加上越戰擴大與爆發文革的影響，國民政府一度呼籲以「軍事反攻與大陸革命抗暴相互結合」並請求美國支持，但在美國拒絕後，只好消極地自 1966 年起推動「中華文化復興節」，強調自身「中華傳統文化與精神價值守衛者」的角色，藉此維持作為代表「中國」之正統性地位。自此，明定每年 11 月 12 日是「國父誕辰紀念日」以及「中華文化復興節」。

國光計畫

國光計畫

提出背景
1958年，我國認為中國在毛澤東的一連串政治運動下已經搞得民不聊生，對我國來說是反攻大陸最好的時機，導致蔣中正總統開始醞釀國光計畫。

計畫啟動
1961年4月1日，在新北市三峽區成立「國光作業室」，正式展開擬定反攻大陸的作戰計畫。

在新店碧潭成立「巨光計畫室」，研擬與美軍聯盟反攻作戰，避免被美方得知反攻大陸的企圖。

提出「敵前登陸」、「敵後特戰」、「敵前襲擊」、「乘勢反攻」、「應援抗暴」等五類26項作戰計畫、214個參謀研究案。

計畫失敗
八六海戰及烏坵海戰失利後，蔣中正才真正明白「國光計畫」只是紙上談兵，認清事實後對反攻大陸逐漸死心。

蔣中正時期的大陸政策

蔣中正時期的大陸政策

武力性反攻政策（1949-1954）

・國共內戰的延續性發展
・中美共同防禦條約（1954）

宣示性反攻政策（1955-1975）

・反攻復國政策浮現（1957）
・國光計畫（1961-1972）
・中華文化復興運動（1966）

UNIT **6-2**
蔣經國時期

隨著兩岸分治成為定局，我國大陸政策也轉趨務實。在蔣中正去世後，經過 1975-1978 年的過渡階段，蔣經國於 1978 年正式繼任為總統。

（一）隱性反攻政策（1978-1985）

❶美台斷交之政治衝擊（1978）

在美國同意中共「斷交、撤軍、廢約」等 3 大建交條件，在 1978 年底決定與台灣斷交，並撤走在台灣和台灣海峽地區一切武裝力量和軍事設施，同時廢除與台灣的防禦條約後，我國也面臨了自 1949 年以來最嚴苛之國際孤立困境。

❷三不政策（1979）

隨著美國與台灣斷交並正式與中共建交，中共也發表《告台灣同胞書》呼籲盡快結束分裂局面，並提出結束軍事對峙與開放兩岸「三通、四流」主張。對此，蔣經國首先回應如下：中華民國不論在任何情況下絕對不與中共政權交涉，絕不放棄光復大陸、解救同胞的神聖任務，這個立場絕不會變更。同年 4 月 4 日，前述談話進一步成為「不接觸、不談判、不妥協」的「三不政策」之內涵，還發布禁令以阻止兩岸交流，例如 1980 年 5 月，發出禁止外籍商船直接往返於大陸和台灣各港口的通告，同年 8 月又通令台商不得與大陸進行直接貿易等。

❸三民主義統一中國（1981）

為阻止失敗主義蔓延，蔣經國首先在 1979 年 12 月警告黨內有關國共接觸「不妨一試」的主張，指出唯有「以三民主義統一中國」才是正確道路。1980 年繼續宣布所謂三個「決不改變」：反共復國的基本政策決不改變、中華民國憲法所定的國體決不改變以及以三民主義統一中國的目標決不改變。最後則在 1981 年國民黨十二全代會中通過「貫徹以三民主義統一中國」案，並以此回應半年後中共方面所公布的「葉九條」。

（二）隱性開放政策（1986-1988）

❶黨務與政治革新方案（1986）

面對國內外嚴峻情勢，蔣經國在 1986 年透過「中國之統一與世界和平」報告，要求以黨務革新帶動政治革新，內容涉及解除戒嚴、開放黨禁、終結萬年國會等重要議題。同年進一步指出，「時代在變，環境在變，潮流也在變。因應這些變遷，執政黨必須以新的觀念推動革新措施。」

❷解嚴與開放兩岸交流（1987）

1987 年 7 月 15 日，台灣正式解除自 1950 年以來實施 38 年的戒嚴令，同時開放黨禁、報禁、中央民意代表選舉，以及解除民眾赴香港、澳門觀光申請之限制。同年 10 月，蔣經國主持國民黨中常會通過有關探親決議案，隔天內政部正式宣布放寬民眾赴中國大陸探親，由此開啟兩岸交流互動之門。

三不政策

不論在任何情況下絕對不與中共政權交涉
絕不放棄光復大陸、解救同胞的神聖任務

↓

蔣經國

三不政策
不接觸、不談判、不妥協

蔣經國時期的隱性反攻政策

美國與中國建交而必須落實「斷交、撤軍、廢約」三大原則

鄧小平於《中國共產黨第十二次全國代表大會開幕詞》中,定下「台灣歸回祖國」為「中國八十年代三大任務」之一

國民黨內與黑、金勾結的情治系統、行政系統盤根錯節的反改革勢力抗拒蔣經國革新保台的新戰略,

爆發情治系統與黑道合作的刺殺劉宜良案〈江南案〉及行政系統與財團掛勾的十信案

蔣經國

❶在國民黨十二屆三中全會上作了《中國之統一與世界和平》的報告,他要求黨務革新,並以黨務革新帶動政治革新,以開創國家民族的新局面

❷1986年,在國民黨中常會上指出:「時代在變,環境在變,潮流也在變。因應這些變遷,執政黨必須以新的觀念及新的作法來推動革新措施。」

美台斷交

斷交	→	1978年底決定與台灣斷交
撤軍	→	撤走在台灣和台灣海峽地區一切武裝力量和軍事設施
廢約	→	廢除與台灣的防禦條約

UNIT **6-3**
李登輝時期（一）

在蔣經國於 1988 年去世後，一方面台灣終結了軍事戒嚴與強人時期，兩岸關係也由互不來往走向開啟交流的新階段。

（一）延續一個中國政策

❶蕭規曹隨時期：三不政策繼續做為主軸

李登輝於 1988 年繼任總統後，仍延續先前「一個中國」主張，例如在首次記者會上表示：「中華民國的國家政策就是一個中國的政策，而沒有兩個中國的政策」，同時堅持對中共採取「三不政策」。此時期大陸政策基本上為：維護中華民國憲法；反對馬列共產主義；確保復興基地安全；支援大陸同胞爭取自由、民主與人權運動；強化三民主義統一中國行動。

❷國統會（1990）與國統綱領（1991）

在 1990 年 5 月 20 日就職演說中，李登輝指出：「如中共當局能推行民主政治及自由經濟、放棄在台灣海峽使用武力，不阻撓我們在一個中國前提下開展對外關係，則我們願以對等地位建立雙方溝通管道、全面開放學術、文化、經貿與科技交流。」據此，總統府首先主動成立「國家統一委員會」（國統會），並研商制定國家統一綱領（國統綱領），最終於 1991 年由行政院正式通過。

（二）開啟兩岸交流轉型期

❶亞銀模式（1989）

以 1981 年浮現的「奧會模式」（中華台北）為基礎，在北京主辦 1989 年第 22 屆亞銀年會期間，李登輝總統指派時任台灣在亞洲開發銀行（ADB）

擔任理事職務的財政部長郭婉容與會，成為 1949 年以來首位登陸的台灣政府官員。外交部對此發表聲明指出，亞銀代表團雖具官方色彩，但是以國際組織會員身分而非官方身分出席，故未與現行「三不」大陸政策牴觸。此事件不僅開啟並確立未來台灣處理民間與大陸接觸首例與範本，也打開兩岸深化交流之門。

❷廢除動員戡亂臨時條款（1991）

根據 1990 年國是會議結論，李登輝在 1991 年宣布源自 1948 年的「動員戡亂時期」正式終止，這意味著中華民國政府正式而且率先片面放棄以武力方式追求國家統一，並放棄在國際上與中共競爭「中國代表權」；儘管依舊認為「中國只有一個」，但「台灣與大陸都是中國的一部分」，「中共不等於中國」，在兩岸尚未統一前，理應各自擁有平行參與國際社會的權利。

❸辜汪會談（1993）

為追求對話機會，兩岸自 1992 年起開始醞釀舉行「辜汪會談」，並於 1993 年 4 月 27-29 日於新加坡舉行，開啟了兩岸民間中介機構定期化、制度化協商管道的確立。其細節將於第九章中詳述。

國統綱領四大原則

國統綱領四大原則

大陸與台灣均是中國的領土，促成國家的統一，應是中國人共同的責任

中國的統一，應以全民的福祉為依歸，而不是黨派之爭

中國的統一，應以發揚中華文化，維護人性尊嚴，保障基本人權，實踐民主法治為宗旨

中國的統一，其時機與方式，首應尊重台灣地區人民的權益並維護其安全與福祉，在理性、和平、對等、互惠的原則下，分成近程、中程以及遠程三階段逐步達成

國統綱領規範的兩岸統一進程

近程－交流互惠階段

- 在互惠中不否定對方為政治實體
- 擴大兩岸民間交流
- 希望大陸地區應積極推動經濟改革，逐步開放輿論，實行民主法治
- 以和平方式解決一切爭端，在國際間相互尊重，互不排斥

中程－互信合作階段

- 兩岸應建立對等的官方溝通管道
- 開放兩岸直接通郵、通航、通商
- 兩岸應協力互助，參加國際組織與活動
- 推動兩岸高層人士互訪，以創造協商統一的有利條件

遠程－協商統一階段

成立兩岸統一協商機構，依據兩岸人民意願，秉持政治民主、經濟自由、社會公平及軍隊國家化的原則，共商統一大業，研訂憲政體制，以建立民主、自由、均富的中國

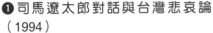

UNIT 6-4
李登輝時期（二）

圖解兩岸關係

（一）台灣主體意識浮現

❶司馬遼太郎對話與台灣悲哀論（1994）

1994 年 3 月，李登輝總統在與日本小說家司馬遼太郎舉行題為「場所的悲哀：生為台灣人的悲哀」的對話中提到，「所謂中國這個名詞也是含混不明的，台灣必須是台灣人的，這是基本的觀念」，同時指出「以往掌握台灣權力的全部是外來政權，即使國民黨也是外來政權」。同年 4 月在接受自由時報專訪時又表示：「一個中國是我們的目標，台灣與中共是兩個政治實體，目前看不到一個中國，一個中國在哪裡？現在兩岸，一個是水，一個是油，水和油是合不起來的。」

❷台海兩岸關係說明書（1994）

為澄清並緩和前述對話帶來的負面效應，我國政府頒布了「台海兩岸關係說明書」，此為開放民間交流以來，首份較為完整的兩岸關係政策文件，明確將兩岸關係定位為「一個中國、兩個對等政治實體」，並期望在「一個中國、兩岸分治」的基礎上，逐步發展並創造兩岸共存共榮的環境。

❸李六條的提出（1995）

為因應中共領導人江澤民在 1995 年 1 月發布的「江八點」，李登輝則在同年 4 月發表「建立兩岸正常關係，塑造統一有利形勢」的談話（俗稱李六條），相互鋪陳緩和的互動氣氛。

（二）轉向對抗性兩岸政策

❶康乃爾之行與台海飛彈危機（1995-1996）

1995 年中，美國政府宣布允許李登輝總統以私人身分，前往母校康乃爾大學訪問並發表公開演說。為加以反制，中共首先透過官方媒體抨擊此舉是分裂祖國的活動，其次則於 1995 年 7 月至 1996 年 3 月間，先後舉行 7 場跨軍種聯合作戰演習，並針對台灣周邊海域進行飛彈試射，由此引發台海緊張局面。最終在 1998 年促成上海第二次辜汪會談後，兩岸關係才又回復比較緩和的情況。

❷戒急用忍政策（1996）

在 1996 年 8 月指出「以中國大陸為腹地的亞太營運中心計畫必須檢討」之後，李登輝在同年 9 月公開提出「戒急用忍」主張，強調應減緩對大陸投資。

❸特殊國與國關係（兩國論，1999）

由於李登輝總統在 1999 年 7 月接受「德國之聲」訪問時提及：「中華民國從 1912 年建立以來，一直都是主權獨立的國家，又在 1991 年的修憲後，兩岸關係定位在特殊的國與國關係，故並沒有再宣布台灣獨立的必要」。此一論點引發中共強烈反彈，並直指為「兩國論」，為表示抗議之意，海協會會長汪道涵取消原訂於同年進行的第三次辜汪會談與訪台行程；自此直到 2008 年之前，兩岸官方交流進入長達 10 年的「冷凍期」。

「台海兩岸關係說明書」的重點

台海兩岸關係說明書

- 中華民國是一個主權國家
  兩岸關係的處理，雙方既不屬於國與國間的關係，也有別於一般單純的國內事務

- 兩岸關係定位
  屬於兩個對等的政治實體關係

- 兩岸關係現狀
  一個中國下分裂分治的兩個區

- 中國的定位
  對抗性的競爭政權

- 以理性、和平、對等、互惠四項原則處理兩岸關係

- 統一中國的目標
  建立民主、自由、均富及統一的中國

何謂李六條

李六條

- 在兩岸分治的現實上追求中國統一

- 以中華文化為基礎，加強兩岸交流

- 增進兩岸經貿往來，發展互利互補關係

- 兩岸平等參與國際組織，雙方領導人藉此自然見面

- 兩岸均應堅持以和平方式解決一切爭端

- 兩岸共同維護港澳繁榮，促進港澳民主

何謂戒急用忍

戒急用忍

- 區分產業為禁止、准許及專案審查三類，並對高科技產業及基礎建設赴大陸投資予以嚴格限制。

- 依企業規模大小採累退方式，訂定個別廠商對大陸投資累計金額之上限。

- 訂定個案投資金額不得超過5,000萬美元之上限。

UNIT **6-5**
陳水扁時期（一）

在 2000 年 3 月 18 日陳水扁當選總統後，既實現台灣政治史上首度的「政黨輪替」，傾獨的民進黨上台執政，也將兩岸關係推向一個新階段。

（一）理性低調之試探性兩岸政策

❶「四不一沒有」主張（2000）

在 1991 年通過「台獨黨綱」及 1999 年通過「台灣前途決議文」的論述背景下，台獨傾向成為民主進步黨鮮明之政黨印象，但為了避免立即挑起兩岸紛爭與引起國外（主要是美國）疑慮，陳水扁在就職演說中指出：「只要中國無意對台動武，本人保證在任期之內，不會宣布獨立，不會更改國號，不會推動兩國論入憲，不會推動改變現狀的統獨公投，也沒有廢除國統綱領與國統會的問題」，這也是一般所謂的「四不一沒有」。

儘管根據憲法第 4 條及增修條文第 11 條，關於更改國號、宣布獨立抑或推動改變現狀的統獨公投已有相關規範，邏輯上政府所有作為都需依法行政，但此一宣示性政策口號，在短期內仍有助於免除中共動武藉口，並促使兩岸關係維持緩和發展。

❷「新五不」主張（2001）

陳水扁總統在 2001 年出訪瓜地馬拉時，進一步拋出了關於兩岸關係的「新五不政策」，包括：軍售及過境絕不是對大陸挑釁；台灣政府絕不會錯估兩岸情勢；台灣絕不是人家的棋子；台灣從不放棄改善兩岸關係加強對話；共存共榮是兩岸努力目標，相信兩岸雖有競爭但不會有戰爭，相信大陸希望台灣變得更好。

❸「大膽談話」（2002）

陳水扁在視察金門大膽島時，發表所謂「大膽談話」，宣稱希望兩岸「永久和平、重開協商大門和直接三通」，但強調和平與武力不可偏廢。

（二）修正限制性之兩岸經濟交流

❶因應全球化潮流與加入 WTO 新局勢

為因應兩岸於 2001 年先後加入 WTO 的新局面，雙方經貿政策與法律規定都會修改以便與國際經貿舞台接軌。更甚者，由於擔心兩岸關係因雙方同時進入 WTO 而變成「國際關係」，中共早已堅持「一個中國」原則為由，堅持台灣以「台澎金馬獨立關稅區」的名義加入。

❷推動「積極開放、有效管理」政策（2001）

為因應全球化發展與前述共同加入 WTO 的新情勢，同時解除戒急用忍政策對兩岸互動帶來的負面影響，並對大陸釋出善意。我國行政院在 2001 年 11 月通過落實對大陸投資「積極開放、有效管理」之執行計畫，一方面推動新的大陸投資審查機制，並採取積極措施活絡資金匯回管道，建立資金靈活流動機制，以邁向對中國大陸投資的新時代。正如前述，此一政策主要目的是為了對中共釋出某種善意，以便穩定兩岸互動現狀。

何謂四不一沒有

四不一沒有

- 不會宣布獨立
- 不會更改國號
- 不會推動兩國論入憲
- 不會推動改變現狀的統獨公投
- 沒有廢除國統綱領與國統會的問題

何謂新五不政策

新五不政策

- 軍售及過境絕不是對大陸挑釁
- 台灣政府絕不會錯估兩岸情勢
- 台灣絕不是人家的棋子
- 台灣從不放棄改善兩岸關係加強對話
- 共存共榮是兩岸努力目標，相信兩岸雖有競爭但不會有戰爭，相信大陸希望台灣變得更好

何謂「積極開放、有效管理」

「積極開放、有效管理」

- 「深耕台灣、布局全球」的總體經濟新戰略
- 以「策略性開放」激發台灣經濟能量的兩岸經貿新布局
- 以「有效管理」代替消極圍堵的經濟安全新策略

UNIT **6-6**
陳水扁時期（二）

（一）再度轉向對抗性兩岸政策

❶烽火外交（2002）與迷航外交（2006）

2002 年 7 月，時任國安會秘書長的邱義仁在外交部發表談話，鼓吹台灣應該採取「攻擊性的外交策略」，要從守勢轉為攻勢，化被動為主動，「讓外交戰場處處烽火連天，使中共備多力分」，此即所謂「烽火外交」策略。

例如據此針對東南亞地區進行的「南向」政策便是一例（邱義仁在 2007 年擔任行政院副院長期間將此政策正名為「攻擊性外交」）。此外，陳水扁在 2006 年出訪中南美洲友邦途中，突然宣布不過境阿拉斯加以抗議美國不同意其過境本土，接著透過中東軍火商說服黎巴嫩私下同意讓專機以技術降落方式過境貝魯特，在因中共阻撓而失敗後，又決定改降荷蘭阿姆斯特丹，但最終前往中東阿布達比加油。

❷轉向「積極管理，有效開放」政策（2006）

陳水扁在 2006 年元旦祝詞中宣布將原先的「積極開放、有效管理」改成「積極管理、有效開放」政策，強調其目的是為了保護台商權益，並抑制過度向大陸傾斜的兩岸經貿現狀，以確保台灣經濟主體性。儘管如此，由於自 2001 年以來兩岸經貿政策不斷搖擺不定，此一政策不僅無法讓人瞭解其實質內容，也引發企業界普遍反彈。

（二）朝傾向獨立政策邁進

❶一邊一國論（2002）

由於 2000 年就職演說與隨後成立「兩岸跨黨派小組」等作為，都未能得到中共友善回應，2002 年 8 月，陳水扁總統公開指出，台灣是一個主權獨立的國家，不是別人的一省或地方政府，不能成第二個港澳，「台灣與對岸中國，一邊一國，要分清楚」。由此，陳水扁時期的兩岸政策也從一開始的低調試探，重回以維護並回應台灣主權意識為主軸。值得注意的是，此一主張與同年底北高兩市選情，以及台聯與李登輝爭奪泛綠陣營盟主的發展亦有關聯。

❷終止國統會運作（2006）

為回應 2005 年中共通過《反分裂法》，陳水扁也於 2006 年初在國安會作成國家統一委員會終止運作、國家統一綱領終止適用的決議。

❸提出「四要一沒有」主張（2007）

在陳水扁總統與民進黨陸續拋出「催生新憲」、「防禦性公投」等訴求後，兩岸關係持續低迷緊張。中共首先在 2005 年分別透過會見連戰（和平之旅）與宋楚瑜（搭橋之旅）等台灣在野黨人士來反制民進黨政府。至於為了向基本教義派靠攏以穩固任期後段的穩定性，陳水扁則於 2007 年提出「台灣要獨立、台灣要正名、台灣要新憲、台灣要發展；台灣沒有左右路線，只有統獨問題」之所謂「四要一沒有」主張，藉此展現與中共對抗的態勢。

陳水扁時期的兩岸政策

對抗性兩岸政策

烽火外交（2002）與迷航外交（2006）
「積極管理，有效開放」政策

陳水扁

傾向獨立的政策

一邊一國論（2002）
終止國統會運作（2006）
提出「四要一沒有」（2007）

何謂「積極管理、有效開放」

「積極管理、有效開放」

積極建構兩岸經貿管理配套

持續推動兩岸經貿協商，強化管理效能

加強推動經濟「全球化」、「國際化」策略

何謂四要一沒有

四要一沒有

台灣要獨立

台灣要正名

台灣要新憲

台灣要發展

台灣沒有左右路線，只有統獨問題

UNIT **6-7**
馬英九時期

在台灣於 2008 年出現第二度政黨輪替後，基於政黨政治邏輯，新政府上台也將兩岸關係帶向另一個新的發展時期。

（一）重回交往性兩岸政策

❶延續國共論壇既有互動成果

如同前述，根據時任國民黨主席連戰在 2005 年前往大陸進行「連胡會」（又稱和平之旅），與胡錦濤共同提出「五項共同願景」並推動首屆「國共論壇」的基礎；同年 7 月馬英九擔任黨主席後，更進一步將其納入國民黨政策綱領並成為 2008 年總統大選的政見出發點。

❷新三不政策（2008）

馬英九在 2008 年總統就職演說指出，將以最符合台灣主流民意的「不統、不獨、不武」理念，在中華民國憲法架構下，根據 1992 年兩岸達成之「一中各表」共識（九二共識），維持台灣海峽現狀並促成兩岸關係順利發展。此即一般所謂的「新三不政策」。

❸推動兩岸兩會恢復談判

兩岸兩會（海基會與海協會）自 2008 年起恢復制度性協商機制，透過「江陳會談」（江丙坤 vs. 陳雲林）新平台，在 2008-2012 年間進行 8 次會談，相繼完成兩岸三通直航、陸客來台觀光等重要談判，並於 2010 年正式簽署 ECFA，兩岸由此邁入全面交流的新紀元。2013 年決定以「兩岸兩會高層會談」取代如辜汪會與江陳會等舊稱謂。

（二）以維持現狀作為兩岸政策核心

❶九二共識與一中各表

馬英九總統強調，在其任內將不與中共討論有關兩岸統一問題，台灣不會追求法理上的統一，同時反對使用武力作為解決台灣問題的方案。「維持現狀」非但最符合台灣人民的利益，也最符合國際期待，相反地，任何片面改變現狀的行動既違反民意，也會引起地區情勢緊張。基於上述原則，馬英九強調兩岸應在「九二共識、一中各表」前提下，以「先經後政、先易後難、先急後緩」順序，推動兩岸和平發展；同時也可實踐「互不承認主權、互不否認治權」精神。

❷活路外交與外交休兵（2008）

根據競選承諾，馬英九自 2008 年起推動在「尊嚴、自主、務實、靈活」原則下，兩岸「以對話代替對抗」，根據雙邊互信基礎落實外交休兵，不再進行惡性競爭式「支票簿外交」，既節省國庫支出也提升國際形象。重點為：有邦交關係者，目標在停止雙方互挖外交牆腳；無邦交關係者，則爭取設置代表處或辦事處。隨後並改以「活路外交」稱呼此一新政策。

馬英九時期的兩岸政策

交往性兩岸政策

延續國共論壇既有互動成果

新三不政策（2008）

恢復兩岸兩會談判

馬英九

維持現狀的作為

九二共識與一中各表

活路外交與外交休兵（2008）

外交休兵的目標與政策

目標 ▶ 兩岸和解，而兩岸和解的前提則是外交休兵

外交休兵的
目標與政策

政策

雙邊 ▶ 有邦交國家關係：停止雙方間的互挖外交牆腳

▶ 與無邦交國家關係：爭取設置代表處或辦事處

多邊 ▶ 採取務實作法，不衝撞政治性高的國際組織如聯合國，而以專業性、功能性國際組織為目標，例如：世界衛生組織以及國際民航組織

UNIT **6-8**
蔡英文時期

2016年蔡英文當選總統後，台灣再次政黨輪替；基於民進黨存在「傾獨」之黨綱內容，加上陳水扁執政時期互動經驗，中共隨即中斷兩岸官方溝通管道，導致兩岸關係再次面臨不確定性。

（一）模糊政策
❶強調維持現狀，未正面回應九二共識

由於中國大陸首次將「九二共識」正式寫入共產黨重要文件，成為對台政策的重要基礎。因此，各方特別關注蔡英文總統之回應態度。對此，蔡英文在2015年5月指出，「九二共識」一詞不僅自2000年後才開始使用，包括前總統李登輝與國民黨亦存在不同解讀；在同年12月總統大選辯論會中又補充說，她認同的九二共識就是「相互諒解，求同存異」。至於在2016年5月20日就職演說中則正式宣稱：「1992年兩岸兩會秉持相互諒解、求同存異的政治思維，進行溝通協商，達成若干的共同認知與諒解，我尊重這個歷史事實。」對此一態度，中國大陸國台辦認為蔡英文採取了模糊態度，指出這是一份沒有完成的答卷，並再次強調堅持「九二共識」政治基礎、堅決反對「台獨」及維護一個中國原則。

❷被認定首次拒絕九二共識

2016年7月，針對美國《華盛頓郵報》專訪時問及「習近平是否給出要求承認九二共識的期限？」蔡英文回應指出，台灣政府不太可能違反民意，去接受對方設的期限。對此，中共官方媒體《環球時報》指出，「這是蔡英文首度正式拒絕九二共識。」

（二）釋出善意
❶兩岸應該和平且共同合作解決問題

2016年10月6日，在接受日本《讀賣新聞》專訪關於兩岸關係發展時，蔡英文指出：「我們會維持現狀；我們的善意也不會改變，希望共同解決雙方所面臨的一些問題；台灣跟台灣人不會在壓力底下屈服；我們不想回到過去那種對抗的關係，希望是兩岸一種和平且相互合作及共同解決問題的關係。」

❷新四不原則

由於「九二共識」成為蔡英文上台後兩岸主要角力場，且她並未於就職演說中正面回應，因此10月10日國慶談話中的兩岸論述再度成為各方關注焦點。對此，蔡英文在演說中提出了「新四不原則」：「我們的承諾不會改變、我們的善意不會改變、我們也不會在壓力下屈服、更不會走回對抗的老路」，藉此表達現任對「維持現狀」的基本態度。同時，也呼籲兩岸之間應該要盡快坐下來談，只要有利於兩岸和平發展，有利於兩岸人民福祉，什麼都可以談。

在2018年就職兩周年時，蔡英文針對兩岸政策再次指出，仍以維持現狀做為主軸，「我們不會暴走、不會僵住，也不會走回國民黨的威權時代那種老死不相往來的路，但我們也不會在壓力下屈服，這是我們基本態度。」

蔡英文時期的兩岸政策

兩岸政策

模糊政策		
維持現狀	承認九二年會談事實	被認定首次拒絕九二共識

釋出善意	
新四不原則	只要有利於兩岸和平發展，有利於兩岸人民福祉，什麼都可以談

新四不原則

新四不原則

我們的承諾不會改變

我們的善意不會改變

我們也不會在壓力下屈服

我們不會走回對抗的老路

第 **7** 章

中共對台政策演進

UNIT 7-1
毛澤東時期

延續國共內戰基調,中共對台政策在毛澤東時期主要採取「武裝解放」及「和平解放」同時並進的方式,分述如下:

(一)武裝解放政策
(1949-1958)

❶國共內戰的延續性發展

1949 年 10 月中共建政後隨即發動廈門戰役,國民政府則透過古寧頭戰役堅守金門,並藉由韓戰契機與美國簽署《共同防禦條約》,奠定自身安全基礎。不過,中共仍分別於 1954 年與 1955 年發動「九三砲戰」(又稱第一次金門危機)及一江山戰役。

❷和平解放路徑之浮現

面對美國介入之影響,中共總理周恩來在 1955 年於印尼萬隆召開的第一屆亞非會議上,表明願意與美國進行談判以緩和兩岸緊張局勢;隨後,中美進一步將在波蘭華沙進行的談判由領事級提高至大使層級。

接著,包括 1955 年中共第一屆人大第二次會議,以及 1956 年第二屆政協第二次會議及第二屆人大第三次會議都陸續強調推動「和平解放台灣」的立場。儘管如此,中共仍在 1958 年發動了「八二三砲戰」(也稱第二次金門危機),充分證明在此期間,以武力解決台灣問題乃中共解決統一問題的政策主軸。

(二)和平解放政策
(1959-1976)

❶中共內部社經政策失敗

由於中共在 1958-1960 年推動大躍進與人民公社運動失敗,再加上 1966 年爆發文化大革命後,對其政治、經濟與社會基礎帶來衝擊,都使其沒有餘力來處理台灣問題。

❷中蘇分裂深化外部壓力

隨著 1954 年《中美共同防禦條約》簽訂、1950 年中蘇共關係決裂,以及美蘇兩國自 1957 年起開啟太空競賽,與美國自 1964 年起大規模介入越戰等最新局勢的進展,無論周邊安全情勢變遷或美蘇兩強動向,都暫時轉移了中共對台灣問題的關注。

❸中美關係正常化之影響

隨著美國開始調整對蘇與對中政策,中共不僅成功地於 1971 年重返聯合國並取代台灣的位置,1972 年美國尼克森總統訪華更在啟動關係正常化之餘,讓逐漸走出文革陰影的中共反思其對內與外交政策,最終在內憂外患的嚴峻情勢影響下,為確切爭取美國的戰略支持,於是毛澤東決定改採「和平解放台灣」此一妥協政策。

毛澤東時期的對台政策

武裝解放政策（1949-1958）

❶國共內戰的延續性發展
發動「九三砲戰」及一江山戰役
❷和平解放路徑之浮現
仍發生八二三炮戰 (1958)

和平解放政策（1959-1976）

❶中共內部社經政策失敗，
　而沒有餘力處理台灣問題
❷周邊安全情勢及美蘇兩強動向，
　轉移了對台灣的關注
❸由於中美關係的正常化，
　使得改採「和平解放台灣」此一政策

內部環境問題：大躍進與人民公社運動失敗，以及發動文化大革命	外部環境問題：《中美共同防禦條約》的簽訂、中蘇共關係決裂、美蘇太空競賽以及美國介入越戰	1971年重返聯合國、中美雙方簽署上海公報、中美關係正常化

毛澤東

毛澤東決定改採「和平解放台灣」此一妥協政策

UNIT **7-2**
鄧小平時期

在鄧小平主政時期中,中共對台政策主要是以「和平統一、一國兩制」為主軸,呼籲盡快實現兩岸「三通(通商、通航、通郵)四流(經濟、科技、體育、文化交流)」目標。

(一)和平統一政策

❶轉向以對內性為主的改革開放(1978)

鄧小平在 1977 年正式復出後,隨即於 1978 年會見美國國會議員團時,針對兩岸關係提到:「解決台灣問題就是兩隻手,兩種方式都不能排除。力爭用右手爭取和平方式,實在不行,還得用左手。我們在這方面不可能有什麼靈活性,要說靈活性,就是我們可以等。」儘管如此,文革帶來的經濟困境仍使中共理性地轉向以內部改革為主的新政策方向。

❷發表告台灣同胞書(1979)

隨著 1978 年「對內改革、對外開放」戰略方向底定與中美完成建交,中共一方面在 1979 年元旦,由全國人大常委會發表《告台灣同胞書》,宣告停止對金門砲擊,倡議共同商談結束軍事對峙,提出和平統一與「三通、四流」口號,宣示將寄希望於台灣政府與人民;同時呼籲雙方盡快實現通航與通郵以利直接交流互動。同年第十一屆三中全會,中共亦指出:「台灣回到祖國懷抱、實現統一大業的前景,已經進一步擺在我們的面前」。

(二)一國兩制政策

❶從鄧小平談話到葉九條(1981)

在發布前述《告台灣同胞書》同時,鄧小平也對美國參議員指出:「台灣的社會制度可以根據台灣的意志來決定,改變需要很長的時間。我們不會用強制的辦法來改變這個社會」。此一談話被視為是「一國兩制」的初步構想,而他在同年 1 月赴美訪問時再度指出:「只要台灣回歸祖國,我們將尊重那裡的現實和現行制度。」

為闡述和平統一政策,中共人大常委會委員長葉劍英在 1981 年 9 月 30 日進一步發表了「關於台灣回歸祖國實現和平統一的方針政策」(一般通稱為葉九條),其中第 1-3 條便特別強調「和平統一、一國兩制」,直接呼應了鄧小平的想法與主張。

❷一國兩制政策的確立(1982)

鄧小平在 1982 年 1 月會見美國華人協會主席李耀滋時提出:一個國家兩種制度,兩種制度是可以允許;這是「一國兩制」名詞的首次提出。接著,在同年 12 月中共全國第五屆人大第五次會議中,特別於第 31 條明文規定「國家在必要時得設立特別行政區」,這也為「一國兩制」政策下,為實行不同於大陸內部制度提供法律依據(包括未來港澳地區在內)。

告台灣同胞書（1979）：提出三通四流

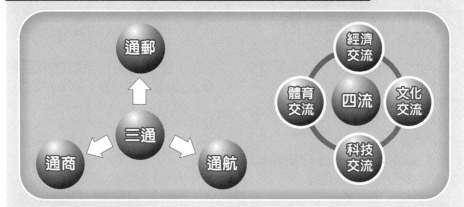

何謂葉九條

葉九條

❶中國國民黨與中國共產黨兩黨可以對等談判
❷雙方在通郵、通商、通航、探親、旅遊及開展學術、文化、體育交流達成協議
❸統一後的台灣可保留軍隊，作為特別行政區，享有特別自治權
❹台灣社會、經濟制度、生活方式與同其他外國的經濟、文化關係不變；私人財產、房屋、土地、企業所有權、合法繼承權和外國投資不受侵犯
❺台灣政界領袖可擔任全國性政治機構領導，參與國家管理
❻台灣地方財政有困難時，可由中央政府酌予補助
❼台灣人民願回大陸定居者，保證妥善安排、來去自如、不受歧視
❽歡迎台灣工商界人士到大陸投資，保證合法權益與利潤
❾歡迎台灣各界人士與團體，提供統一的建議，共商國事

何謂鄧六條

鄧六條

❶台灣問題的核心是祖國統一。和平統一已成為國共兩黨的共同語言
❷制度可以不同，但在國際上代表中國的，只能是中華人民共和國
❸不贊成台灣「完全自治」的提法，「完全自治」就是「兩個中國」，而不是一個中國自治不能沒有限度，不能損害統一的國家的利益
❹祖國統一後，台灣特別行政區可以實行同大陸不同的制度，可以有其他省、市、自治區所沒有而為自己所獨有的某些權力。司法獨立，終審權不須到北京。台灣還可以有自己的軍隊，只是不能構成對大陸的威脅。大陸不派人駐台，不僅軍隊不去，行政人員也不去。台灣的黨、政、軍等系統都由台灣自己來管。中央政府還要給台灣留出名額
❺和平統一不是大陸把台灣吃掉，當然也不能是台灣把大陸吃掉，所謂「三民主義統一中國」不現實
❻要實現統一，就要有個適當方式。建議舉行兩黨平等會談，實行國共第三次合作，而不提中央與地方談判。雙方達成協定後可以正式宣布，但萬萬不可讓外國插手，那樣只能意味著中國還未獨立，後患無窮

UNIT **7-3**
江澤民時期

在江澤民主政時期中，中共對台政策主要強調「在一個中國原則下，任何問題皆可以討論」之開放立場，至於細部發展則略述如下：

（一）延續開放性兩岸政策路線

❶第一份統一白皮書（1993）

江澤民雖自 1989 年起擔任中共總書記，但鄧小平在 1997 年去世前仍掌握實際權力；在此情況下，「和平統一」、「一國兩制」及「三通四流」仍是江澤民對台政策核心。即便 1993 年江澤民正式負責對台事務，並未提出相關具體主張而延續鄧小平的政策主張，這可從 1993 年 8 月由國務院發布《台灣問題與中國的統一》白皮書看出，因為內容指出「一國兩制，和平統一」的原則是實現中國統一的基本方針。

❷江八點的提出（1995）

江澤民在 1995 年 1 月 30 日於中央台辦及國台辦發表新春談話，前半部再次重申與強調鄧小平的「一國兩制」主張，後半部則為「為促進祖國統一大業的完成而繼續奮鬥」的講話，一般簡稱為「江八點」，也被視為江澤民時期最重要的對台政策宣示。

美國學者何漢理（Harry Harding）認為，「江八點」雖如新瓶裝舊酒般沒有多大變化，但內涵上仍於「邊際上出現新彈性」，包括：願意到台灣舉行領導人見面、中國願意「有條件不動武」（如果台灣宣布獨立，才會對台動武）、不反對台北加入不涉及主權問題的國際組織等。

（二）推動並深化兩岸談判互動

❶第二份統一白皮書（2000）

江澤民在 1997 年中共「十五大」與 2002 年「十六大」政治報告中，都持續指出「在一個中國的前提下，什麼問題都可以談。只要是有利於祖國統一的意見和建議，都可以提出來」，包括正式結束兩岸敵對狀態、台灣國際空間，甚至台灣當局的政治地位等問題。至於其內涵，主要歸納於 2000 年發布的《一個中國的原則與台灣問題》白皮書中，一方面強調「一個中國」原則是實現和平統一的基礎和前提，也顯示推動談判乃其政策重點。

❷回應台灣政黨輪替：「聽其言、觀其行」

在陳水扁當選總統隔日，江澤民於中共政治局擴大會議中提出對台工作基本政策為「認真觀察、耐心等待、不急不躁、保持高壓」。據此原則，中共中央國台辦首先發表聲明指出，「世界上只有一個中國，台灣是中國領土不可分割的一部分，台灣地區領導人的選舉及其結果，改變不了台灣是中國領土一部分的事實，任何形式的台獨都是絕對不允許的」，其次則聲稱對台灣新領導人將在「聽其言，觀其行」後，再決定下一階段政策方向。

和平統一、一國兩制的特點

和平統一、一國兩制的特點

一個中國
世界上只有一個中國,台灣是中國不可分割的一部分,中央政府在北京

兩制並存
一個中國的前提下,大陸的社會主義制度和台灣的資本主義制度,實行長期共存,共同發展,誰也不吃掉誰

高度自治
統一後,台灣將成為特別行政區。它不同於中國其他一般省區,享有高度的自治權

和平談判
通過接觸談判,以和平方式實現國家統一,是全體中國人的共同心願

何謂江八點

江八點

堅持一個中國原則,是實現和平統一的基礎與前提

對於台灣同外國發展民間性經濟文化關係,不持異議

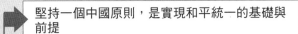
進行海峽兩岸和平統一談判,是中共一貫主張

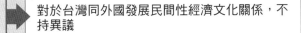
中國人不打中國人;不承諾放棄使用武力,絕不是針對台灣同胞,而是針對外國勢力干涉中國統一和搞「台灣獨立」的圖謀

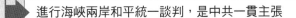
大力發展兩岸經濟文化經濟交流與合作,主張不以政治分歧去影響、干擾兩岸經濟合作

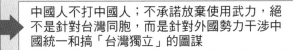
五千年文化是維繫全體中國人的精神紐帶,也是實現和平統一的一個重要基礎

充分尊重台灣同胞的生活方式和當家做主的願望,保護台灣同胞一切正當權益

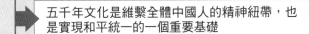
歡迎台灣當局的領導人以適當身分前往訪問;我們也願意接受台灣方面的邀請,前往台灣

UNIT **7-4** 胡錦濤時期

在胡錦濤主政時期中，中共對台政策主要以因應台灣政黨輪替所帶來的不確定變數，至於細部發展則略述如下：

（一）推動反獨重於促統政策

❶陳水扁傾獨政策升高緊張態勢

在胡錦濤於 2002 年接任中共總書記，並於隔年成為國家主席的同時，台灣方面則隨著 2002 年陳水扁發動台灣正名運動、2003 年國慶祝詞中宣示將催生新憲，以及 2006 年推動（防禦性）「公投綁大選」政策，兩岸關係的緊張局勢也跟著逐漸升高。

❷五一七聲明（2004）

2004 年陳水扁順利連任總統後，中共於 5 月 20 日總統就職前夕，由中共中央台灣工作辦公室及國務院台灣事務辦公室在 5 月 17 日發表聲明，指出「當前兩岸關係形勢嚴峻，制止分裂中國的台獨運動是最緊迫的任務」，現在有兩條道路擺在台灣當權者面前：「一條是懸崖勒馬，停止台獨分裂活動，承認兩岸同屬一個中國；一條是一意孤行，妄圖把台灣從中國分割出去，最終玩火自焚」，充分顯現出焦慮與堅定的政策態度。

❸反分裂國家法（2005）

在 2004 年接任中央軍委主席，集黨政軍大權於一身後，胡錦濤開始全面主導對台政策，一方面以反獨重於促統作為政策主軸，同年底更宣布將推動《反分裂國家法》（簡稱反分裂法）的制定。2005 年 3 月 14 日，全國人大正式通過前述反分裂法，第 8 條規定：「若台獨分裂勢力以任何名義、任何方式造成台灣從中國分裂出去的事實，或者發生將會導致台灣從中國分裂出去的重大事變，或者和平統一的可能性完全喪失，國家得採取非和平方式及其他必要措施，捍衛國家主權和領土完整。」

（二）順勢深化兩岸交流

❶胡六點的提出（2008）

2008 年馬英九當選總統並於就職演說中強調「不統、不獨、不武」的兩岸政策理念後，由於新政府接受在「九二共識」的基礎上恢復協商，兩岸關係逐漸有所改善；相對地，胡錦濤則於 2008 年 12 月 31 日以紀念《告台灣同胞書》三十週年為由，發表通稱為「胡六點」的主張，其中，有關兩岸特殊政治關係、建立軍事安全互信機制，以及在「一中」基礎上協商結束敵對狀態並達成和平協議等，確實突破過去中共對台政策藩籬。

❷推動兩岸兩會復談

有關兩岸兩會復談的發展，將於本書第九章中詳述。

何謂五一七聲明

五一七聲明

恢復兩岸對話與談判，平等協商，正式結束敵對狀態，建立軍事互信機制，共同構造兩岸關係和平穩定發展的框架

以適當方式保持兩岸密切聯繫，及時磋商解決兩岸關係中衍生的問題

實現全面、直接、雙向「三通」，以利兩岸同胞便捷地進行經貿、交流、旅行、觀光等活動

建立緊密的兩岸經濟合作安排，互利互惠。台灣經濟在兩岸經濟交流與合作中，優化產業結構，提升企業競爭力，同大陸一起應對經濟全球化和區域一體化的挑戰。台灣農產品也可以在大陸獲得廣闊的銷售市場

進一步密切兩岸同胞各種交流，消弭隔閡，增進互信，累積共識

在兩岸關係的祥和氣氛中，台灣同胞追求兩岸和平、渴望社會穩定、謀求經濟發展的願望將得以實現

通過協商，妥善解決台灣地區在國際上與其身分相適應的活動空間問題，共享中華民族的尊嚴。但是，如果台灣當權者堅持「台獨」分裂立場，堅持「一邊一國」的分裂主張，非但上述前景不能實現，而且將葬送兩岸的和平穩定、互利雙贏

何謂胡六點

胡六點

恪守一個中國，增進政治互信

推進經濟合作，促進共同發展

弘揚中華文化，加強精神紐帶

加強人員往來，擴大各界交流

維護國家主權，協商涉外事務

結束敵對狀態，達成和平協議

UNIT 7-5
習近平時期

在習近平主政時期中,中共對台政策主要強調「堅持九二共識、推動兩岸和平發展以及主權不可分割」,至於細部發展則略述如下:

(一)胡規習隨的最初基本態度

根據「十八大」的政治報告,習近平對台政策基本上有以下兩個重點:

❶定調「胡六點」仍是現階段對台政策最重要指導文件。

❷首次將「九二共識」正式寫入中共重要文件當中。

(二)對兩岸互動主張之進一步闡釋

❶四不原則(2014)

2014 年 5 月「宋習會」後,習近平特別提出對台的「四不政策」,包括:對兩岸關係和平發展政策不改變、兩岸交流合作互利共贏不放棄、促進兩岸同胞團結不動搖、遏制台獨分裂圖謀堅定意志不動搖。

❷五點主張(2015)

2015 年 11 月,馬英九與習近平於新加坡舉行兩岸領導人歷史性會談,習近在此提出「五點主張」:鞏固九二共識,維持和平現狀;降低敵對狀態,和平處理爭端;擴大兩岸交流,增進互利雙贏;設置兩岸熱線,處理急要問題;兩岸共同合作,致力振興中華。

(三)因應台灣政黨再度輪替

❶堅持九二共識

2016 年 3 月習近平參加上海人大代表團審議時提及,中共對台灣大政方針不會因台灣政局變化而改變,將堅持「九二共識」政治基礎,繼續推進兩岸關係和平發展。

❷未完成的答卷

針對蔡英文總統於就職演說中提及尊重 1992 年兩岸兩會秉持相互諒解、求同存異的政治思維,進行溝通協商之「歷史事實」的說法,國台辦回應指出,由於沒有明確承認「九二共識」和認同其核心意涵,沒有提出確保兩岸關係和平穩定發展的具體辦法,因此這是一份「沒有完成的答卷」。

❸三不原則

針對蔡英文於 2016 年 10 月國慶演說中提出的「新四不原則」。對此,國台辦以「三不」來加以回應,包含:大陸推動兩岸關係,在九二共識基礎上改善與發展的真誠善意不會改變;為台海謀和平、為同胞謀福址、為民族謀復興的莊嚴承諾不會放棄;堅持反對和遏制台獨分裂行徑的堅強意志不會動搖。

❹六個任何

2016 年 11 月,習近平在紀念孫中山誕辰 150 周年大會上強調,「我們絕不允許任何人、任何組織、任何政黨、在任何時候、以任何形式、把任何一塊中國領土從中國分裂出去」,此說法亦列入 2017 年 11 月「十九大」政治報告中。

❺惠台 31 條

國台辦在 2018 年 2 月 28 日公布「關於促進兩岸經濟文化交流合作的若干措施」,共計 31 項,目的在加快給予台商和台胞與大陸企業同等待遇,其後各省市單位亦陸續各自制定落實措施。

習近平的對台政策

對兩岸關係和平發展政策不改變

習近平

兩岸交流合作互利共贏不放棄

促進兩岸同胞團結不動搖

遏制台獨分裂圖謀堅定意志不動搖

九二共識列入官方文件的流程

2005年4月，連胡會後所達成的「五項共同願景」中之第一項

2012年溫家寶於第十一屆全國人民代表大會第五次會議中
進行「政府工作報告」時，提出反對「台獨」及認同「九二共識」

首次將「九二共識」列入共產黨的路線方針之十八大政治報告

十九大政治報告中關於台灣問題的談話內容

十九大政治
報告中關於
台灣問題的
談話內容

堅持「和平統一、一國兩制」方針

堅持一個中國原則

堅持「九二共識」作為兩岸對話的政治基礎

以「兩岸一家親」理念實現互利互惠

堅決反對「台獨」分裂圖謀

重申「六個任何」原則

第 **8** 章

中共政權體制與
對台工作組織

●●●●●●●●●●●●●●●●●●●●●●●●●●●●● 章節體系架構 ▼

UNIT **8-1**
中國共產黨組織

中國共產黨（簡稱中共）成立於1921年，為中華人民共和國目前唯一的執政黨。根據其章程規定，中共以馬克思列寧主義、毛澤東思想、鄧小平理論和「三個代表」作為黨的行動綱領。2012年，中共十八大通過《中國共產黨章程修正案》，將「科學發展觀」列入指導思想。中共自建黨以來即採取蘇聯共產黨組織模式，從中央到地方國家機關、人民團體、經濟組織、文化組織和其他非黨機關均設立黨組織，由此建立了一元化領導體系。下級服從上級，全黨服從中央，黨的一切工作由中央集中領導，乃中共所謂「民主集中制」的基本原則。其層次性政黨領導架構可分為以下幾個部分：

（一）領導體制
❶全國代表大會及由此產生的中央委員會

此為中共最高領導機關。黨代表大會（全代會）每5年舉行一次；中央委員會全體大會每年舉行1次，根據全代會排序簡稱為「第幾屆幾中全會」，負責於大會閉會期間進行領導並對外代表中國共產黨。

❷中央政治局及其常務委員會

負責在中央委員會閉會期間行使職權，但政治局未舉行全體會議期間，則由常務委員會代行職權，實際決定黨和政府的日常行政事宜，也是中共核心和實際最高權力機制。

（二）中央組織
❶全國代表大會
❷中共中央委員會

包括總書記、政治局、政治局常委會、軍事委員會（與中華人民共和國中央軍事委員會是「一個機構、兩塊牌子」）、書記處（辦事機構）。

❸中共中央紀律檢查委員會

1993年與中央政府監察部合署辦公，為控制黨紀與推動反腐敗工作之最高指導機關。

（三）地方組織

包括各地方代表大會與地方委員會。根據統計，中國共產黨員總數截至2017年底達8,956.4萬名，基層組織共457.2萬個。從黨員結構來看，女性黨員占總數26.7%；少數民族黨員占總數7.3%；具有大專及以上學歷的黨員占總數48.3%；35歲及以下的黨員占24.9%。從黨員職業看，工人階級約664.8萬名；農牧漁民2,549.9萬名；黨政機關工作人員754.2萬名。在政黨進入企業部分，全國18.5萬個公有制企業已建立黨組織，占總數91.2%；另有187.7萬個非公有制企業建立黨組織，占總數73.1%。

中共中央結構圖

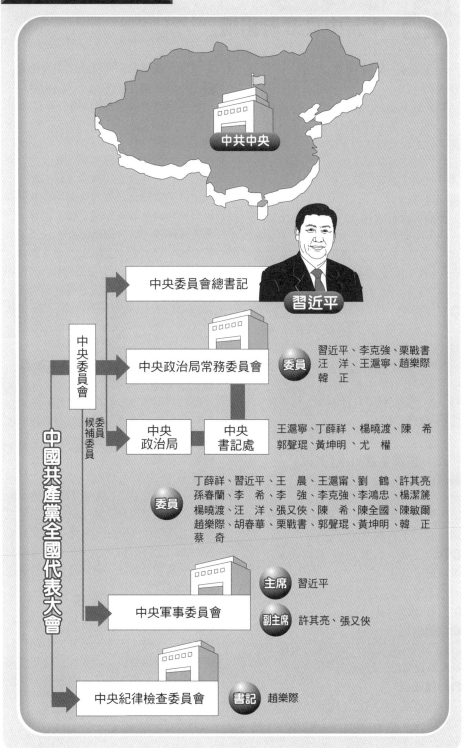

UNIT **8-2**
中共中央政府組織

（一）全國人民代表大會

❶機構性質

一般簡稱為「全國人大」或者直稱「人大」，為中國大陸最高國家權力機關，扮演類似國會的立法角色，常設機關是常務委員會（全國人大常委會），負責會議召開及各級代表選舉事務。

❷組織成員

全國人大代表由 32 個省、自治區、直轄市和港澳特別行政區人民代表大會和人民解放軍依法選舉產生，名額不超過 3,000 人。全國人大會議每年舉行一次，由人大常委會召集。

❸主要職權

修改並監督憲法；制定和修改基本法律；選舉國家正副主席；根據國家主席提名，決定國務院總理的人選；選舉中央軍事委員會主席、最高人民法院院長、最高人民檢察院檢察長；決定戰爭與和平問題。

（二）國家主席、副主席

❶**機構性質：**為象徵性國家正、副元首。1954 年初設，1975 年廢除，1982 年再度設置，任期 5 年，原限連任一次，2018 年修憲取消連任限制。

❷**功能任務：**名義上為「虛位元首」，無實質權力。

（三）國務院

❶機構性質

為全國人民代表大會的執行機關，也是最高國家行政機關。

❷組織成員

包括總理、副總理、國務委員、各部部長、各委員會主任、審計署審計長和國務院秘書長等，每屆任期 5 年，總理、副總理、國務委員連續任職不得超過二屆。1982 年以來共進行 7 次機構改革，由原先 100 個部門減到 2018 年的 26 個部門。

❸功能任務

制定行政法規，發布決定和命令；向全國人大或全國人大常委會提出議案；規定各部會任務和職責；編制和執行國民經濟和社會發展計畫和國家預算；管理對外事務，同外國締結條約和協定；批准省、自治區、直轄市的區域劃分，批准自治州、縣、自治縣、市的建置和區域劃分；依照法律決定省、自治區、直轄市的範圍內部分地區進入緊急狀態。

（四）中國人民政治協商會議

❶機構性質

簡稱人民政協，為中共領導的多黨合作和政治協商機構，以作為發揚社會主義民主的一種重要形式。

❷組織成員

海外華人也可參加（包括台灣地區），基層委員由基層級別的中國共產黨、各民主黨派和全國工商聯、各人民團體協商產生，不採用選舉。全國政協常委會由全國政協主席、副主席、秘書長和常務委員組成；全國政協主席由中央政治局常委擔任。

❸功能任務

主要職能是政治協商、民主監督、參政議政。名義或實質上僅屬於中共和執政當局的諮詢架構，並未有任何明文規定執政當局必須落實或回應政協的意見與建議。

中華人民共和國國務院機構

國務院辦公廳	人員編制為 519 名
組成部門	外交部、國防部、國家發展和改革委員會、教育部、科學技術部、工業和資訊化部、國家民族事務委員會、公安部、國家安全部、監察部、民政部、司法部、財政部、人力資源和社會保障部、國土資源部、環境保護部、住房和城鄉建設部、交通運輸部、水利部、農業部、商務部、文化部、國家衛生和計劃生育委員會、中國人民銀行、審計署
直屬特設機構	國務院國有資產監督管理委員會
直屬機構	中華人民共和國海關總署、 國家稅務總局、國家工商行政管理總局、國家品質監督檢驗檢疫總局、國家新聞出版廣電總局、國家體育總局、國家安全生產監督管理總局、國家食品藥品監督管理總局、國家統計局、國家林業局、國家智慧財產權局、國家旅遊局、國家宗教事務局、國務院參事室、國家機關事務管理局)
辦事機構	國務院僑務辦公室、國務院港澳事務辦公室、國務院法制辦公室、國務院研究室、國務院臺灣事務辦公室、國務院新聞辦公室、國務院防範和處理邪教問題辦公室
直屬事業單位	新華通訊社、中國科學院、中國社會科學院、中國工程院、國務院發展研究中心、國家行政學院、中國地震局、中國氣象局、中國銀行業監督管理委員會、中國證券監督管理委員會、中國保險監督管理委員會、全國社會保障基金理事會、國家自然科學基金委員會
部委管理的國家局	國家信訪局、國家糧食局、國家能源局、國家國防科技工業局、國家菸草專賣局、國家外國專家局、國家公務員局、國家海洋局、國家測繪地理資訊局、國家鐵路局、中國民用航空局、國家郵政局、國家文物局、國家中醫藥管理局、國家外匯管理局、國家煤礦安全監察局

中國人民政治協商會議全國委員會

↓

政協全國委員會常務委員會

辦公廳

主席會議

各專門委員會

提案委員會
經濟委員會
人口資源環境委員會
教科文衛體委員會
社會和法制委員會
民族與宗教委員會
港澳台僑委員會
外事委員會
文史和學習委員會

UNIT 8-3
中共對台工作組織架構

中共對台工作機制，主要包括黨務、政務、軍事、人大、政協、黨派群眾團體、學術研究、宣傳媒體等八大系統。中共採取「以黨領政」原則，所以中央政治局常委會設有中共中央對台工作領導小組（簡稱對台小組），是對台工作最高的決策核心。除此之外，中共為執行臨時性任務，亦建立各層級和各類型的專責小組處理涉台事務。

（一）中央對台工作小組

中央對台工作領導小組是由中共中央直屬的機構之一，並非政府組織，由主管對台工作的中央政治局常委、兼管涉台工作的中央政治局委員，和涉台工作相關機構部長組成，負責對台工作領域的重大策略，日常工作交由中共中央台辦（國台辦）負責。

該小組成立於1954年，主要以軍事為主，輔之以情報、特務、統戰等部門，成員大都出身軍、特與統戰系統。文化大革命之後，對台機構一度停止運作，1978年重新恢復工作，1989年後由總書記兼任組長。

（二）地方及部委對台工作小組

地方各級黨委亦設置對台工作領導小組，組長一般都由省（區、市）委副書記擔任，負責推動該行政地區的對台工作。除此之外，國務院部分涉台程度較深的部委亦成立對台工作小組，各縣市與國營單位（包括大專院校）都設有港澳台事務辦公室。

（三）其他任務編組
❶對台經貿工作協調小組
1994年，中共召開「全國對台經濟

工作會議」，會中即宣示成立一跨部會之「中央對台經貿協調領導小組」，統一對台經貿工作事權；2004年，中共國務院再成立「對台經貿工作協調小組」。
❷台商權益保障工作聯席會議
❸涉台突發事件處理工作領導小組
❹對台宣傳工作協調小組

（四）近期對台工作人事更迭

在2012年底中共召開「十八大」一中全會，完成第五代領導人換屆，建立以習近平為總書記的中央集體領導；其次，2013年分別召開第十二屆全國政協第一次會議及第十二屆全國人大會第一次會議（簡稱兩會）後，習近平更正式接任國家主席及軍委主席，完成「三位一體」的權力接班。

在2017年底「十九大」後，對台人事亦作出調整，中共中央對台工作領導小組組長及副組長，照慣例由總書記習近平及全國政協主席汪洋兼任，秘書長由分管外交及對台事務的國務委員楊潔篪兼任，國台辦主任則由劉結一接任。加上在涉台智庫方面，前國務委員戴秉國當選新任全國台研會長，中國社科院台灣研究所所長由原中國現代國際關係研究院副院長楊明杰接任，被稱為「最知美、知台」的工作小組。

中共對台工作組織架構

中共對台工作機制

成員

中共中央政治局常委會 ➡ 中央對台工作領導小組

政協主席　汪　洋
國務委員　楊潔篪
中央辦公廳主任　丁薛祥
統戰部長　尤　權
國安部長　陳文清
軍委副主席　許其亮、張又俠
中台辦主任　劉結一
海協會長　張志軍
副總理　孫春蘭
商務部長　鍾　山

執行 ➡ 國台辦（及省、市、縣台辦）國務院其他涉台單位

交流統戰 ➡ 海峽兩岸旅遊交流協會、海協會、中華海外聯誼會

宣傳 ➡ 福建東南電視、九州出版、中國評論雜誌

研究 ➡ 上海台灣研究所、海峽兩岸關係研究中心

中央對台工作領導小組成員

中央對台工作領導小組成員

歷任組長

- 鄧穎超（1979年－1987年）
- 楊尚昆（1987年－1989年）
- 江澤民（1989年－2002年）
- 胡錦濤（2002年－2012年）
- 習近平（2012年－）

現任組成人員

- 組長：習近平（中共中央總書記、國家主席、中央軍委主席）
- 副組長：汪　洋（中共中央政治局常委、全國政協主席）
- 成員：王　毅、趙樂際、黃坤明、許其亮、劉結一、鍾　山、陳文清、肖　捷、尤　權
- 秘書長：楊潔篪（兼）

UNIT **8-4**
中共對台工作體系演進

（一）和戰並進時期（1949-1978）

在此階段中，中共主要希望貫徹「武力解放台灣」之統一目標，但因美國因素介入結果，在目標、內涵與機制上仍持續進行調適。

❶中央人民廣播電台

1954 年起開始對台灣廣播。

❷中央對台工作領導小組

1954-1956 年間成立，下屬工作機制包括中央調查部、中央統戰部、總參謀部情報部等。

❸中國國民黨革命委員會

1948 年由國民黨非主流派創建，簡稱民革，至今在中國大陸仍有 10 萬名以上黨員，負責與港澳台地區聯繫。

（二）和平統一時期（1979-1987）

❶定調和平統一

1978 年第十一屆三中全會定調以「和平」方式解決統一問題，並將「實現祖國統一」訂為 1980 年代三大任務之一。

❷重組對台領導小組

1979 年底恢復的小組以鄧穎超與廖承志為核心，同時在各級省委組織中也設置類似小組編制。

❸中華全國台灣同胞聯誼會（全國台聯）

同樣於 1979 年設置，作為涉台工作之民間二軌性機關。

❹廈門大學台灣研究所

1980 年設置，為大陸第一所研究台灣之學術機構。

（三）推動交流時期（1988-1998）

❶國務院台灣事務辦公室（國台辦）

1988 年設置，為第一個負責處理對台行政事務之專門機構。國務院內涉台部門與從省到縣級人民政府中也同時設置「台灣事務辦公室」（台辦）。

❷海峽兩岸關係協會（海協會）

1991 年 12 月成立，為我方財團法人海峽交流基金會（海基會）之對口單位。

❸提升對台領導小組層級

1993 年起由中共總書記江澤民親自擔任組長。

❹全國台灣研究會

1988 年 8 月成立，目的在促進兩岸學術交流，並深化對台研究層次。其後陸續成立之類似智庫，包括 1999 年成立之上海台灣研究所，與 2000 年由中央台辦成立之海峽兩岸關係研究中心。

（四）交流中輟時期（1999-2007）

❶兩岸關係論壇

海峽兩岸關係研究中心於 2000 年成立後，開始推動此一論壇作為官方交流中斷後，維持溝通之重要二軌管道。

❷國共論壇

2006 年起開始推動，提供黨對黨溝通機制。

（五）恢復交流時期（2008-2016）

❶兩岸兩會高層會談

在 2 次「辜汪會」與 8 次「江陳會」後，2013 年起改以此一名稱代之。

❷領導人會面

2015 年「馬習會」為兩岸領導人首度會面。

中共對台工作體系演進

和戰並進時期
（1949-1978）

- 中央人民廣播電台
- 中央對台工作領導小組
- 中國國民黨革命委員會

和平統一時期
（1979-1987）

- 定調和平統一
- 重組對台領導小組
- 中華全國台灣同胞聯誼會（全國台聯）
- 廈門大學台灣研究所

推動交流時期
（1988-1998）

- 國務院台灣事務辦公室（國台辦）
- 海峽兩岸關係協會（海協會）
- 提升對台領導小組層級
- 全國台灣研究會

交流中輟時期
（1999-2007）

- 兩岸關係論壇
- 國共論壇

恢復交流時期
（2008-2016）

- 兩岸兩會高層會談
- 領導人會面

UNIT **8-5**
中共對台組織的主要結構

圖解兩岸關係

（一）官方機構：國務院台灣事務辦公室（國台辦）

國務院台灣事務辦公室和中共中央台灣工作辦公室（中台辦）為一個機構二塊牌子，也是中央對台工作領導小組的辦事機構，負責貫徹執行中國國務院確定的對台工作方針。

❶主要職責

研究、擬訂對台工作方針政策；貫徹執行黨中央、國務院確定的對台工作的方針政策；組織、指導、管理、協調各部門對台工作；研究台灣形勢和兩岸關係發展動向；按照國務院的部署和授權，負責與台灣當局及其授權社會團體談判及簽署協定的準備工作。

❷人事更迭

自 1988 年以來，歷任主任包括：丁關根（1988-1990）、王兆國（1990-1996）、陳雲林（1997-2008）、王毅（2008-2013）、張志軍（2013-2018）、劉結一（2018-）。

❸任務編組

根據工作職責，國台辦設置了 10 個職能局和機關黨委：包括秘書局（人事局）、綜合局、研究局、新聞局、經濟局、港澳涉台事務局、交流局、聯絡局、法規局、投訴協調局，以及負責思想風紀的機關黨委。

值得關注的是，對台工作常涉及必須協調之跨部會領域，尤其是外交領域。目前透過由國務委員楊潔篪兼任對台小組秘書長、前國台辦主任王毅接掌外交部長，外交部副部長與前國台辦主任張志軍接任海協會會長、前駐聯合國大使劉結一接任國台辦主任等，希望更有效發揮協調外交部及國台辦對於涉台和外交之間的爭執。

（二）從屬機構：海峽兩岸關係協會（海協會）

海協會於 1991 年 12 月設於北京宣武區廣安門南街 6-1 號，為中國大陸因應海基會成立的社會團體法人，屬國務院授權處理海峽兩岸事務的機構，其業務指導和管理機關為國台辦。

❶主要職責

以促進海峽兩岸交往、發展兩岸關係、實現祖國和平統一為宗旨。致力於加強與贊成該會宗旨的社會團體和各界人士的聯繫與合作；協助有關方面促進海峽兩岸各項交往與交流；協助有關方面處理海峽兩岸同胞交往中的問題。

❷人事更迭

歷任會長包括：汪道涵（1991-2005）、陳雲林（2008-2012）、陳德銘（2013-2018）、張志軍（2018-）。

❸重要進展

包括辜汪會談（1993 與 1998 年）、焦唐會談（1994）與江陳會談（2008-2012）等，但因應兩會高層更迭，2013 年決定未來以「兩岸兩會第幾次高層會談」的方式重新編號命名。

中共國台辦所屬部門職能

部門	職能
秘書局（人事局）	負責協調機關日常工作；承辦文電、秘書、會議、來信來訪、保密、通信、信息工作；負責檔案、報刊、圖書、資料工作及後勤管理等工作。人事局負責機關人員的考核、任免、調配、勞資和所屬事業單位的機構、人員編制工作；組織指導本辦及全國對台工作系統幹部的培訓、教育工作
綜合局	負責承辦海峽兩岸關係協會的日常工作；協調有關部門處理涉台的突發事件等有關問題；管理台屬及台胞捐贈工作
研究局	負責研究台灣局勢和兩岸關係形勢，提出形勢報告和工作建議，指導並協調中央和地方有關部門的對台調研工作
新聞局（宣傳局）	負責協調對台新聞宣傳工作，承辦涉台新聞發布的具體工作；協同有關部門對幹部、群眾進行中央對台方針政策的宣傳教育
經濟局	負責協調和指導對台經濟工作；做好對台資企業的相關管理與服務工作；負責受理台資企業的經濟糾紛並提供服務
港澳涉台事務局	負責協同有關部門處理香港特別行政區、澳門特別行政區涉台工作中有關事務
交流局	負責審批並管理和協調兩岸文化、影視、學術、教育、衛生、體育、民族、出版、宗教等交流事宜；負責大陸人員因私赴台管理工作
聯絡局	聯絡台灣上層重點人物，指導、管理並協調有關部門對台灣上層的聯絡工作
法規局	負責研究擬定對台法律政策，會同有關部門草擬法律規範，指導和協調涉台法律事務工作
投訴協調局	負責處理台商重大投訴案件和台胞、台屬來信來訪工作
政黨局	接待聯繫台灣政黨人士
機關黨委	負責機關黨的思想、組織、作風建設和紀律檢查工作，領導機關精神文明建設，以及工、青、婦等工作

資料來源：郭瑞華，中共對台工作機制研究：政府過程的觀點，頁 181-182。

第 9 章
兩岸協商的制度化進程

●●●●●●●●●●●●●●●●●●●●●●●●●●●●●●● 章節體系架構 ▼

UNIT **9-1**
兩岸談判的機制與管道類型

由於台灣長期採取「三不政策」（不接觸、不談判、不妥協），導致兩岸早期接觸機會甚少，即便 1987 年開放交流後，接觸與協商次數也相當有限。根據迄今兩岸互動往來的發展演進，可將雙方互動管道分類如下：

（一）密使機制

根據字面上的意義為祕密進行，意即不會有正式文件來證明雙方曾經進行接觸與談判。在蔣經國與李登輝時期之類似接觸例如：1990 年，曾任民革名譽副主席的賈亦斌證實，蔣經國總統曾經派人前往大陸和其祕密接觸，希望幫忙傳話給中共高層；1992 年，李登輝總統則派遣其親信如蘇志誠、鄭淑敏等，在香港與中共秘密會談，並交換「和平協定」等訊息。

（二）民間對民間途徑

由兩岸雙方在背後授權的民間企業或法人團體進行協商與談判，以下三個談判均由民間企業或法人團體出面與中國授權的對口單位進行協商與談判，並順利完成具有約束力的協議，內容如下：

❶華航事件談判（1986）

在 CI-334 班機遭機長王錫爵劫持至大陸廣州的事件中，中華航空與中國民航商談貨機歸還及交接事宜。

❷兩岸奧會談判（1989）

台灣以中華奧會為代表，大陸則以國際奧會委員兼大陸奧會為代表，就我國參與亞洲青年體操錦標賽及 1990 年亞運時所應使用中文稱呼進行談判。

❸金門談判（1990）

雙方以中華紅十字會與中國紅十字會為代表，就合作遣返偷渡客在金門進行談判，並簽署《金門協議》。

（三）民間對官方途徑

此類途徑只發生過 2 次，亦即 1991 年 4、11 月的兩次的「陳唐會談」。由於當時海協會尚未成立，台灣先派遣民間機構海基會秘書長陳長文與中共官方機構中國國務院台灣事務辦公室副主任唐樹備於北京展開談判。

（四）兩會協商談判機制

這是指台灣所授權「財團法人海峽交流基金會」及中共授權的「海協兩岸關係協會」進行的雙邊協商談判。儘管表面上可歸類為民間對民間機制，但因兩會皆屬由官方授權從事協商談判的法人團體；再加上負責人皆具公務人員身分，甚至海協會代表還是國台辦的成員，意即兩塊招牌一套人馬的現象。兩會自從 1991 年以來開始進行協商，已歷經數十次會談。

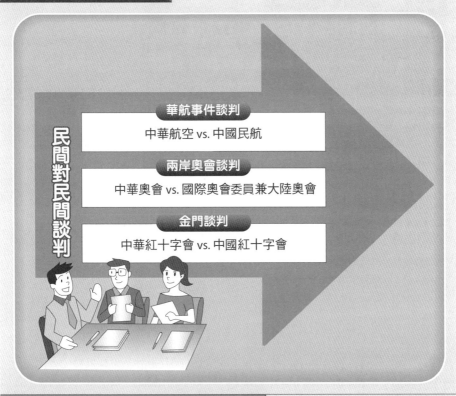

民間對民間談判

民間對民間談判

華航事件談判
中華航空 vs. 中國民航

兩岸奧會談判
中華奧會 vs. 國際奧會委員兼大陸奧會

金門談判
中華紅十字會 vs. 中國紅十字會

兩岸談判的機制與管道類型

密使機制

民間對
官方途徑

民間對
民間途徑

兩會協商
談判機制

兩岸談判
機制與管道

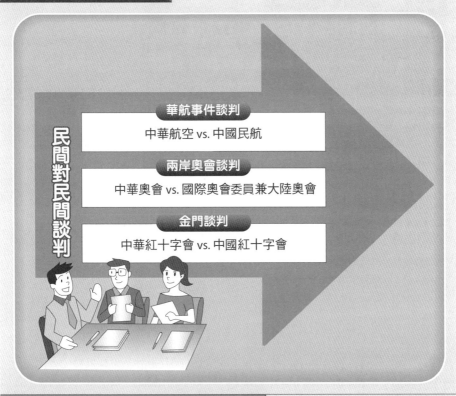

UNIT 9-2
前制度時期之事務性磋商

由於兩岸自 1949 年以來，陷入長期分治對立且幾無接觸的階段，雖自 1987 年起開始民間交流，但進行官方互動仍須相當程度之共識；對此，在正式進入兩會制度性協商時期以前，雙方溝通過程大致如下：

（一）陳唐會談（1991）

1991 年 4 月 28 日至 5 月 4 日，兩岸就共同防制海上犯罪之程序性問題舉行第一次會談，分別由海基會副董事長兼秘書長陳長文，以及國台辦副主任唐樹備擔任代表，但因雙方對於「一個中國」原則、「海峽兩岸」及海上區域等定義無法獲得共識，僅就建立溝通管道與有關議題交換意見，唐樹備在會中並發表「處理海峽兩岸交往中的具體問題應遵循的 5 項原則」。同年 11 月，兩岸再次就前述問題舉行第二次陳唐會談，仍無具體成果。其後，由於中共對此階段準官方（海基會）對官方（國台辦）之不對等管道表示不同看法，因此著手成立海協會作為替代性管道。

（二）有關文書驗證及掛號函件
之溝通（1992-1993）

❶第一次會談

1992 年 3 月，海基會法律服務處處長許惠祐與海協會研究部主任李亞飛就有關「兩岸文書驗證」及「兩岸間接掛號函件遺失之查證與賠償」進行談判。由於海協會堅持以「一個中國」原則為會談前提並提 5 項不同方案，要求列入協議的前提文字，海基會表示無法接受，並再次強調「一個中國」原則與「文書驗證」及「掛號函件」等技術性事務無關，故此次會談宣告失敗。

❷第二次會談

1992 年 10 月，海基會法律服務處處長許惠祐與海協會諮詢部副主任周寧再次進行會談。雙方同意相互寄送公證書副本以核對真偽並相互協助查證，但對於是否限制寄送範圍、雙方郵政單位是否出面及是否收費等問缺乏共識，再加上周寧再次提出「一個中國」表述問題並堅持納入協議，儘管海基會代轉陸委會授權的 5 個方案以回應第一次會談中海協會所提 5 項方案，雙方仍無法達成共識，會談再次宣告失敗。

❸第三次會談

1993 年 3 月，許惠祐與李亞飛針對兩岸「文書驗證」及「掛號函件」等議題進行第三次會談。由於雙方事前已達成共識且中共不再堅持將「一個中國」原則寫入協議，最終就「文書驗證」及「掛號函件查詢」協議之草案條文內容達成共識，同時也敲定「聯繫主體」，亦即由海基會直接與「中國公證員協會」及「中國通訊學會」就此兩個議題進行協商並達成共識；接著，也開始展開草簽協議的相關工作。

兩岸「文書驗證」及「掛號函件」之溝通

第一次會談	81 年 3 月 22 日至 27 日	北京	商談兩岸「文書驗證」及「掛號函件」事宜	許惠祐、李亞飛	海協會堅持以「一個中國」原則為會談前提，並提出了五項不同的方案，且要求列入協議的前提文字當中。對此，海基會表示無法接受，並再次強調「一個中國」原則與「文書驗證」及「掛號函件」等技術性事務無關，故此次會談宣告失敗，故無具體成果。
第二次會談	81 年 10 月 26 日至 29 日	香港	商談兩岸「文書驗證」及「掛號函件」事宜	許惠祐、周　寧	因雙方對「一個中國」認知不同，且大陸要求將其觀點載入協議，故無結果。
第三次會談	82 年 3 月 25 日至 28 日	北京	商談兩岸「文書驗證」及「掛號函件」事宜	許惠祐、李亞飛	由於大陸不再堅持將其對「一個中國」之觀點載入協議，雙方就此二項議題達成共識。

兩岸前制度時期之事務性磋商流程

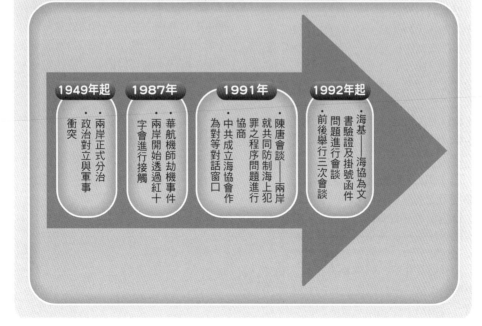

1949年起
- 兩岸正式分治
- 政治對立與軍事衝突

1987年
- 華航機師劫機事件
- 兩岸開始透過紅十字會進行接觸

1991年
- 陳唐會談──兩岸就共同防制海上犯罪之程序問題進行協商
- 中共成立海協會作為對等對話窗口

1992年起
- 海基──海協為文書驗證及掛號函件問題進行會談
- 前後舉行三次會談

UNIT **9-3**
香港會談與九二共識

圖解兩岸關係

兩岸關於文書驗證及掛號函件之第二次會談,又稱「香港會談」;雙方最初雖對所謂「一個中國」認知不同,以致無功而返,最終仍達成「一個中國,各自表述」之非書面性共識,又稱「九二共識」。

(一)一個中國原則之爭議
❶海協會之態度表述

在 1992 年 10 月會談伊始,周寧便再次提出有關「一個中國」表述問題,並堅持納入協議;在台灣方面反對後,中共方面仍建議雙方應該就「一個中國」有所「表述」,並提出 5 種方案作為前提文字。

❷海基會之態度表述

我方一貫態度為事務性協商與「一個中國」原則無關,因此沒有必要寫入正式協議,並相對提出 5 種替代建議,甚至進一步修改成 3 個方案。其中,海基會提出的口頭表述方案為:「在海峽兩岸共同謀求國家統一的過程中,雙方雖均堅持一個中國原則,但對於一個中國的涵義,認知各有不同;鑑於兩岸民間交流日益頻繁,為保障兩岸人民權益,對於文書查證應先妥善解決。」但因海協會代表先行離開香港,造成此次會談中斷。

(二)九二共識原則之形成
❶雙方之善意回應

在海協會副秘書長孫亞夫於 11 月通知海基會秘書長陳榮傑,並透過新華社發布新聞表示,「海協會經研究後尊重並接受海基會以口頭方式表述一個中國原則的建議,至於口頭表述的具體內容將另行協商」後,海基會隨即發布新聞

稿回應:「本會經徵得主管機關同意,以口頭聲明方式各自表達,可以接受;口頭聲明的具體內容將根據國家統一綱領及國家統一委員會對一個中國涵義所做決議來加以表達」。

❷進一步推動談判之共識浮現

根據 11 月底海協會來函表示:「海峽兩岸公證書使用等問題的商談,已經取得重要進展,我會建議及早繼續進行商談,就辜汪會晤進行磋商」;對此,海基會在 12 月初函覆說明:「我方始終認為:兩岸事務性之商談應與政治性之議題無關,且對一個中國之涵義,認知略有不同。我方為謀求問題之解決,建議雙方以口頭各自說明」。

總的來說,兩岸經過此次會談亦建立後來被蘇起稱為「九二共識」的原則,並成為 1995 年中共宣布終止協商前的共識基礎。

❸共識形成之各自考量

兩岸所以最終以非書面形式達成共識,中共方面主要是不希望放棄透過兩岸協商達成和平統一目標,台灣則主要著眼於解決事務性問題以保障赴大陸公民之基本權益。

一個中國原則之爭議

海協會所提「一個中國」的五種表達方案	海基會所提「一個中國」的五種表達方案	海基會依陸委會授權就海協會所提三種表達方案之修正意見
海峽兩岸文書使用問題是中國的內部事務	雙方本著「一個中國，兩個對等政治實體」的原則	鑑於海峽兩岸長期處於分裂狀態，在兩岸共同努力謀求國家統一的過程中，由於兩岸民間交流日益頻繁，為保障兩岸人民權益，對於文書證應妥善加以解決
海峽兩岸文書使用問題是中國的事務	雙方本著「謀求一個民主、自由、均富、統一的中國，兩岸的事務本是中國人的事務」的原則	海峽兩岸文書查證是兩岸中國人間的事務
海峽兩岸文書使用問題是中國的事務。考慮到海峽兩岸存在不同的制度（或稱國家尚未統一）的現實，這類事務具有特殊性	鑑於海峽兩岸長期處於分裂狀態，在兩岸共同努力謀求國家統一的過程中，雙方咸認為必須就文書查證（或其他商談事項）加以妥善解決	在海峽兩岸共同謀求國家統一的過程中，雙方雖均堅持一個中國的原則，但對於一個中國的涵義，認知各有不同。惟鑑於兩岸民間交流日益頻繁，為保障兩岸人民權益，對於文書查證，應加以妥善解決
在海峽兩岸共同謀求國家統一的過程中，雙方均堅持一個中國的原則，對兩岸公正文書使用（或其他商談事務）加以妥善解決	雙方本著「為謀求一個和平民主統一的中國的原則」	
海峽兩岸關係協會，中國公證員協會與海峽交流基金會，依海峽兩岸均堅持一個中國之原則的共識	雙方本著「謀求兩岸和平民主統一」的原則	

 ★九二共識

九二共識包含以下三點：（出處：來自於「一個中國，各自表述」共識的史實）

❶對「一個中國」原則，用口頭聲明方式各自表達。即一般簡稱的「一個中國，各自表述」或「各自表述，一個中國」。此為我方所提出，並獲得中共接受，並因之開展日後的辜汪會談，為兩岸之間的一項重要共識。

❷我方表述的內容包括海基會第三案、國統綱領及「一個中國的涵義」。對此，中國已表示認知。

❸海協會也在「一個中國，各自表述」的共識原則下，提出他們的表述內容。

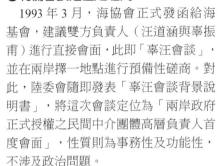

UNIT **9-4**
辜汪會談（一）

（一）會談背景與預備性磋商

❶有關會談定位之磋商

1993 年 3 月，海協會正式發函給海基會，建議雙方負責人（汪道涵與辜振甫）進行直接會面，此即「辜汪會談」，並在兩岸擇一地點進行預備性磋商。對此，陸委會隨即發表「辜汪會談背景說明書」，將這次會談定位為「兩岸政府正式授權之民間中介團體高層負責人首度會面」，性質則為事務性及功能性，不涉及政治問題。

❷兩次預備性磋商

在前述會議後，海基會副董事長兼秘書長邱進益與海協會常務副會長唐樹備於北京進行第一次預備性磋商，議定於 4 月底舉行「辜汪會談」，並於會前舉行第二次協商；接著，雙方又在第二次磋商中確定會談地點為新加坡海皇大廈，並就「兩會建立制度化聯繫與會談方式」、「經濟交流」、「文教、科技交流」及辜汪會談共同文件等交換意見。

最後，1993 年 4 月 27 日上午 10 點，海基會董事長辜振甫與海協會會長汪道涵舉行第一次正式會談。

（二）雙方之意見與態度

海協會會長汪道涵之發言重點包括：

❶重申政策原則

這次是民間性、經濟性、事務性、功能性會議。

❷說明兩岸經濟合作交流問題

包含兩岸經濟交流合作的迫切性和必然性，同時集中論述經濟交流合作中的 7 個具體問題。

❸說明兩岸科技文化交流問題

包含產業科技合作與交流、智慧財產權保護、青少年交流以及新聞界交流。

❹最後為兩會會務問題

包含對加強兩會聯繫與合作的主張、兩會各自組成專業小組等五大項問題。

相對地，海基會董事長辜振甫則堅守會前磋商中所達成的共識，就兩會之會務、兩岸經貿、社會、文教及科技交流等問題與海協會交換意見，並希望能建立兩會聯繫協商的制度，以解決兩岸民間交流所衍生的各種問題。

（三）爭議與結論

❶三通問題成為爭議焦點

對於汪道涵所提出的「三通」問題，陸委會發布新聞稿指出：此一談話摻雜政治性議題、超出範圍並忽視現存問題，顯示對台灣瞭解不夠。

❷簽署兩項事務性協議文件

雙方最終仍簽署《兩岸公證書使用查證協議》及《兩岸掛號函件查詢、補償事宜協議》，並將會後協議發表的共同文件名稱定為《辜汪會談共同協議》。至於超出兩會授權範圍的雙向經濟交流與台商投資保障等議題，則擇期再議。

辜汪會談紀要

時間	內容
1993.3.2	大陸海協會致函海基會，建議雙方於今年3月下旬或4月初舉行「辜汪會談」，並表示兩會對於在舉行「辜汪會談」之前，先進行預備性磋商的安排已有共識，希望海基會儘速磋商時間地點。
1992.3.18	陸委會公布「辜汪會談背景說明書」，明定其性質屬事務性及功能性商談，不涉及政治性問題。
1993.4.7-11	雙方舉行「辜汪會談」第一次預備性磋商：❶草簽《兩岸公證書使用查證協議》以及《兩岸掛號函件查詢、補償事宜協議》。❷就辜汪會談商達成八項共識，決定3、4月27至29日在新加坡舉行「辜汪會談」。
1993.4.23-26	雙方舉行「辜汪會談」第二次預備性磋商，就「兩會建立制度化聯繫與會談方式」、「經濟交流」、「文教、科技交流」及辜汪會談共同文件交換意見。
1993.4.27-29	舉行辜汪會談，並於會後簽署《兩岸公證書使用查證協議》、《兩岸掛號函件查詢補償事宜協議》、《兩會聯繫與會談制度協議》及《辜汪會談共同協議》四項協議。

兩岸經濟合作八大問題

兩岸經濟合作八大問題

- 對兩岸經濟合作的基本主張
- 直接三通應當擺上議事日程
- 關於兩會共同籌開民間的經濟交流會議（制度）的建議
- 台商在大陸投資和大陸經貿界人士訪台問題
- 兩岸勞務合作問題
- 台灣參與開發浦東、三峽、圖們江問題
- 合作開發能源、資源問題
- 兩岸合作開發台灣海峽和東海無爭議地區石油資源問題

「辜汪會談」第一次預備性磋商的八大共識

八大共識

❶會談性質	❺參加人員
❷會談地點	❻第二階段預備磋商
❸會談時間	❼簽署協議
❹會談議題	❽共同發表「辜汪會談」成果

UNIT **9-5**
辜汪會談（二）

（一）兩岸突破性會談之環境背景

大體言之，兩岸關係所以能在 1993 年出現重大轉折，其原因有三：

❶後冷戰國際結構變遷

自 1991 年蘇聯瓦解導致冷戰終結後，國際環境中瀰漫著「和解」與「以談判代替對抗」的和平氛圍，甚至美國在柯林頓於 1992 年上台後，也逐步推動與中國「交往」的政策。

❷台灣解嚴與後強人政治格局

由於蔣經國去世以致「三不」政策呈現出突破契機，而甫接任的李登輝也需要建構自我正當性之能量空間。

❸天安門陰影下的中國大陸

由於 1989 年爆發天安門民運事件，取代趙紫陽上台的江澤民，同樣需要獲得對國內與國外的正面說服力；除此之外，鼓勵更多台商前往投資也是此一會談目標所在。

至於此次會談也彰顯出下列 4 項重要意涵：

①開啟兩岸透過準官方民間機構作為中介之制度化溝通歷程。

②由於獲得領導人授權，此一會談也等於「高層代理人對話」。

③展現兩岸在締結和平協議前，透過對話解決歧見之誠意。

④儘管所謂「九二共識」並無書面紀錄，仍提供難得之對話基礎。

（二）第二次會談之推動與成果

❶接觸中斷與三次預備性磋商

原定 1995 年 7 月舉行之第二次辜汪會談，因 1995 年李登輝總統推動「務實外交」並應邀至美國康乃爾大學訪問而被迫中斷。但經過 1998 年 4 月、7 月及 9 月三次的磋商後，終於敲定海基會辜振甫等人於 10 月前往中國大陸訪問的具體行程，兩會協商也在中斷 3 年後得以再度接觸。

❷達成 4 項共識性成果

①雙方同意加強對話，以促成制度化協商的恢復。

②雙方同意加強推動兩會各層級人員交流活動。

③雙方同意就涉及人民權益之個案，積極相互協助解決。

④台灣邀請汪道涵先生回訪，後者也同意在適當時機來台。

（三）汪道涵回訪與會談再度中斷

1999 年 3 月，海協會副秘書長李亞飛訪台，以推動落實 4 項共識為基礎，就汪道涵訪台問題與海基會交換意見，並提出兩會合辦「論壇」或「研討會」之建議。同年 6 月，海基會詹志宏副秘書長訪問北京，就汪道涵訪問台灣進行第二次預備性磋商，對汪道涵訪台程序達成一定共識。不過，隨著 1999 年 7 月李登輝總統提出兩國論，汪道涵訪台計畫最終取消，兩會商談也因此中斷，直到 2008 年後才終於恢復交流。

第二次辜汪會談的環境背景

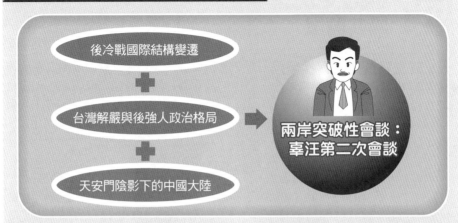

後冷戰國際結構變遷

台灣解嚴與後強人政治格局

天安門陰影下的中國大陸

兩岸突破性會談：
辜汪第二次會談

第二次辜汪會談彰顯出的重要意涵

開啟兩岸透過準官方民間機構作為中介之制度化溝通歷程

由於獲得領導人授權，此一會談也等於「高層代理人對話」

展現兩岸在締結和平協議前，透過對話解決歧見之誠意

儘管所謂「九二共識」並無書面紀錄，仍提供難得之對話基礎

第二次辜汪會談的推動與成果

雙方同意加強對話，
以促成制度化協商
的恢復

台灣邀請汪道涵先生
回訪，後者也同意在
適當時機來台

雙方同意加強推動
兩會各層級人員
交流活動

會談成果

雙方同意就涉及人民
權益之個案，積極相
互協助解決

UNIT **9-6**
國共論壇

（一）成立背景與制度性發展
❶透過黨際對話維繫兩岸溝通平台

自 1999 年兩岸之間互動因李登輝總統「兩國論」而停止交流後，又因陳水扁總統繼續推行「一邊一國」、「防禦性公投」、「催生新憲」與「正名運動」，導致中共反彈與兩岸緊張關係再次升高，甚至於 2005 年通過《反分裂法》，希望藉此遏制民進黨政府的傾獨作為；於此同時，仍希望加強與在野黨的對話與合作來維繫雙邊溝通管道，於是開啟了此一民間性平台，這也是國、共自 1946 年以來，60 年後首度的黨對黨會談。

❷破冰之旅與和平之旅

在國民黨副主席江丙坤前往北京進行「破冰之旅」並與陳雲林會談後，雙方達成 12 項共識，接著黨主席連戰亦率團前往進行「和平之旅」，展開兩岸分治後國共兩黨領導人首次會談。會後，雙方提出「兩岸和平發展共同願景」，並達成包含「建立黨對黨定期溝通平臺」之 5 項共識。

❸制度性機制之奠定與運作

在上述背景下，國共論壇應運而生，每年兩黨固定召開會議，包括 2006 年第一屆兩岸經貿論壇、2007 年兩岸農業合作論壇，以及 2008 年起迄今召開的年度性屆兩岸經貿文化論壇。

（二）歷屆論壇主要成果
❶中共啟動對台經濟讓利政策

例如在 2006 年第一次論壇後，國務院台灣事務辦公室主任陳雲林便宣布 15 項單方面、主動宣布的「惠及台灣同胞」的政策措施，包括 22 種水果准入，11 種蔬菜准入、並實施零關稅及擴大台灣捕撈和養殖的水產品在大陸銷售等。同年底第二屆論壇進一步宣布 20 項新政策措施，包括完善兩岸農業合作試驗區和台灣農民創業園建設、鼓勵和支持兩岸農業合作、便利兩岸農產品貿易和大陸台資農產品銷售等。

❷透過對話維繫兩岸和平互動基礎

儘管論壇目標之一，是各自滿足中共之落實統一政策與在野之國民黨尋找發言平台之希望，就兩岸關係發展本身而言，面對全球化下兩岸經濟無可避免之互動與經濟關係正常化之迫切性、由於中國崛起導致兩岸能量對比逐漸失衡、平等協商乃實現和平發展必經之路等環境需求，此一論壇都在 1999-2008 年兩岸關係發展「失落的十年」中，提供了制度性的補充。

❸在經濟之外也加強文化交流

由於中共發現除經濟之外，傳統文化紐帶在促進兩岸交流中的正面作用，這也是前述論壇自 2008 年起更名為「經貿文化論壇」之故。2016 年，雙方同意再度將名稱更改為「兩岸和平發展論壇」，但因各種因素，2016-2017 年連續兩年未能舉辦此一論壇。

海基會vs.海協會

交流形式	內容要點
海基 vs. 海協會	1993 年第一次辜汪會談 1998 年第二次辜汪會談 1999 年中斷協商 2008 年恢復協商後簽 21 項協議
連胡會	2005 年連戰訪中，與胡錦濤進行國共兩黨會談，確立「堅持九二共識，反對台獨」共同主張

和平之旅所達成的五項共識

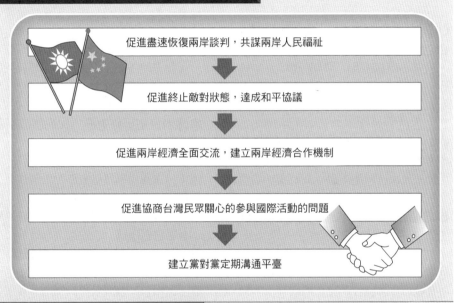

促進盡速恢復兩岸談判，共謀兩岸人民福祉

↓

促進終止敵對狀態，達成和平協議

↓

促進兩岸經濟全面交流，建立兩岸經濟合作機制

↓

促進協商台灣民眾關心的參與國際活動的問題

↓

建立黨對黨定期溝通平臺

國共論壇的角色定位

國共論壇

官方

海基 vs. 海協

125

UNIT *9-7*
兩會復談過程之評估

2008 年 5 月，在陸委會授權下，海基會函文海協會提議就「兩岸包機」及「大陸人民來台觀光」兩項議題進行協商，隨後海基會董事長江丙坤決定於 6 月率團訪問北京，從而既為兩岸互動協商重新開啟新局面，也為雙邊關係逐步邁向正常化再度奠定基礎。

（一）兩會再度復談之觀察重點
❶ 透過直航協商擴大雙方互動頻率

根據中共國務院台灣事務辦公室統計，台灣赴台人數從 1987 年 4.7 萬人增長至 2008 年約 436 萬人，大陸居民赴台也從 1990 年 8,545 人增至 2008 年約 28 萬人；在此基礎上，無論是直航帶來的「縮短時間與成本誘因」或增加大陸居民來台旅遊人數，都將進一步深化彼此交流。

❷ 低階政治（low politics）範疇的外溢（spill-over）

儘管迄今為止，兩岸會談仍刻意迴避高階政治（主權）問題，但雙邊議題內容在維持「功能性為主」的前提下，仍有朝向更「制度化」發展的趨勢（例如在金融合作與司法互助方面）。

❸ 表面上對等但現階段實則大陸方面略有讓步

為掌握國民黨重新執政後重啟制度性談判的「歷史契機」，中共不僅對此寄予厚望，為換取台灣方面對於談判的信心，尤其在直航與旅遊協議方面，相對於大陸的開放程度，台灣的回應與承諾顯然並不對等；當然，對中共而言，長期「威望利益」或許比短期「實質收益」重要一些。

（二）中共對重啟會談的操作策略
❶ 媒體管制下的「一面倒」評價與對內政策取向

相對於台灣在媒體開放環境下，對於相關議題正反俱陳，甚至辯論激烈，大陸方面則表現出幾乎完全正面的評價結果；當然，這除了反映出其管制媒體的現實之外，目的也在於形塑某種繼續維持談判的有利氛圍。

❷ 透過提供商機營造社會輿論

大陸方面陸續派出數批官方經貿採購團，已為台灣帶進數億元採購訂單，也讓兩岸經貿交流攀向高峰。

❸ 透過台商延續傳統「以商圍政」路線

目前中共高舉所謂「經濟先行」口號，另方面也延續過去路線，例如在分析會談成果時便特別著重於「台商」的大力肯定，並強調對於協助台灣走出「金融危機陰霾」的效益。

❹ 在談判中低調回應但仍堅持底線

表面上中共幾乎對台灣要求照單全收，但相較於台灣各界高調地「漫天要價」，中共則經常以「不符國際慣例」加以回應。

2008年迄今兩岸歷次制度性協商成果一覽表

會議名稱	會議時間	協議文件
第一次江陳會談	2008 年 6 月 11-14 日	海峽兩岸包機會談紀要
		海峽兩岸關於大陸居民赴台灣旅遊協議
第二次江陳會談	2008 年 11 月 3-7 日	海峽兩岸郵政協議
		海峽兩岸海運協議
		海峽兩岸食品安全協議
		海峽兩岸空運協議
第三次江陳會談	2009 年 4 月 25-29 日	海峽兩岸金融合作協議
		海峽兩岸空運補充協議
		海峽兩岸共同打擊犯罪及司法互助協議
第四次江陳會談	2009 年 12 月 21-25 日	海峽兩岸漁船船員勞務合作協議
		海峽兩岸標準計量檢驗認證合作協議
		海峽兩岸農產品檢疫檢驗合作協議
第五次江陳會談	2010 年 6 月 28-30 日	海峽兩岸經濟合作架構協議
		海峽兩岸智慧財產權保護合作協議
第六次江陳會談	2010 年 12 月 20-22 日	海峽兩岸醫藥衛生合作協議
第七次江陳會談	2011 年 10 月 19-21 日	海峽兩岸核電安全合作協議
第八次江陳會談	2012 年 8 月 8-10 日	海峽兩岸海關合作協議
		海峽兩岸投資保障和促進協議
兩岸兩會第九次高層會談	2013 年 6 月 20-22 日	海峽兩岸服務貿易協議
兩岸兩會第十次高層會談	2014 年 2 月 26-28 日	海峽兩岸地震監測合作協議
		海峽兩岸氣象合作協議
兩岸兩會第十一次高層會談	2015 年 8 月 24-25 日	海峽兩岸避免雙重課稅及加強稅務合作協議
		海峽兩岸民航飛航安全與適航合作協議

UNIT **9-8**
兩會復談後兩岸關係前景

儘管兩岸兩會復談後，透過制度化管道之溝通交流，確實對「外弛內張」之雙邊關係提供緩和機會，未來發展仍須注意以下幾點：

（一）近期關係：樂觀但仍需審慎以對

有鑑於當前兩岸關係具備的高度「相互需求」背景（包括受全球金融海嘯波及之股匯市與財務體系，中共面對十八大後政權轉移的挑戰，以及台灣亟欲突破經濟發展瓶頸等），兩會復談不僅是突破 10 年來缺乏互動的重要分水嶺，對於拉近雙方距離也呈現出正面助益，但因擴大交流而可能埋下之台灣社會內部對立的緊張伏筆，亦不能不注意。

（二）交流平台：應盡快進行制度規劃

長期以來，由於兩岸關係的特殊性，迄今仍以海基會與海協會此一準官方管道作為交流互動平台（國共論壇乃民進黨執政時期的補充性產物，如今需求明顯降低），事實上，兩會本身也是某種時空環境下的特殊產物。兩岸官員既在復談後大量且直接參與談判，如何在法律與制度面上建構新的平台（包括互設辦事處等）實為當務之急。

（三）中共對台政策：以兩岸實質進展為準

台灣雖不斷就各種政治（稱謂與國際空間）、安全（撤除飛彈）與經濟（投資保障與金融開放）等提出建議，中共對台基本政策在可見的短期間應仍不會有太大改變，並以兩岸實質互動結果為準。

（四）台灣內部分歧：有賴執政者理性面對

自兩會復談以來，在野黨及民間所展現的持續抗議行動，雖一定程度上可歸咎於「行為發動者」，但政府作為維繫國內秩序與和諧「無可卸責的調停者」角色及其具備的高度仍不可忽視。換言之，對於台灣內部藍綠陣營在兩岸議題上的嚴重分歧，政府固然有義務進行溝通協商，但如何能傾聽更廣大民眾意見，讓其瞭解政府的政策內涵，或許還是「治本」之道。

（五）兩岸和平協議：仍需繼續地建立信心

從某個角度看來，若能儘早完成簽署「和平協議」，應有助消除民眾對於兩岸關係發展前景的疑慮，但此協議既涉及敏感的歷史與政治議題，當然需要足夠的「共識能量」；對此，各種「信心建立措施」（CBM）固然有幫助，當前更急迫的是建立類似措施（無論是兩岸和平架構或軍事互信機制）之前所需信心，亦即兩岸關係仍有待更多正面成果來加以支撐。

（六）九二共識：未來突破僵局之關鍵

自 2016 年台灣再度政黨輪替後，由於雙方在「九二共識」議題上無法取得協調，兩會高層會談也跟著中斷迄今。

兩會復談後兩岸關係前景

近期	中期	長期
審慎樂觀 規劃交流平台	著重實質互動 解決台灣內部分歧	建立兩岸共識與互信 簽署兩岸和平協議

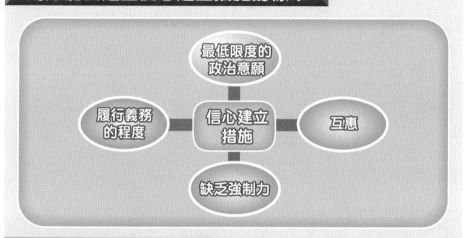

兩岸能否建立信心建立措施的標準

最低限度的政治意願

履行義務的程度　—　信心建立措施　—　互惠

缺乏強制力

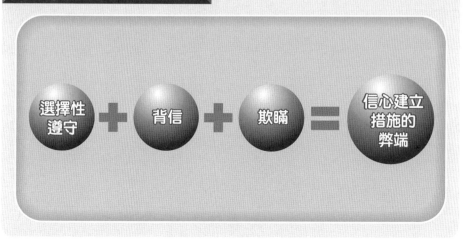

信心建立措施的弊端

選擇性遵守 ＋ 背信 ＋ 欺瞞 ＝ 信心建立措施的弊端

第**10**章

兩岸關係的軍事面向

●●●●●●●●●●●●●●●●●●●● 章節體系架構

UNIT 10-1
中共軍事現代化

（一）經濟發展與國防預算擴張

改革開放以來，中共受惠於國家經濟快速發展，傲人的經濟成就亦反映在國防預算的擴增，平均每年以超過 10% 的速度成長，預算規模已達全球第二。一般認為，國防支出的持續增加將加速解放軍現代化，讓其建造更專業的力量。由於迄今決策過程不透明的特性，中共龐大的國防預算與隱藏性經費的存在，也加劇區域各國對其戰略意圖的質疑。

習近平在 2017 年「十九大」中宣示，「中國軍隊將於 2035 年完成現代化，2050 年達到世界先進水平」；除了積極導入國產航母、新型匿蹤戰機等，也持續大舉投資網路戰、太空站、人工智慧等領域。

❶中共國防預算編列概況

根據美國近年《中共軍力報告》，中共維持 20 多年以來每年國防預算增加之趨勢，年度軍費預算增加幅度平均達 10% 以上，例如 2013 年約 1,140 億美元，2014 年為 1,320 億美元（同年美國約 5,700 億，台灣約 100 億，日本約 440 億美元），2018 年預算額預計為 1,750 億美元，但一般認為其實際支出遠高於官方數據（同年美國約 6,920 億，台灣約 120 億，日本約 462 億美元）。就編列方式、用途概況而言，一方面希望達成「建設現代化國防及精兵政策」之戰略目標，至於空軍與海軍則是近年來發展重點。

❷北京政府隱藏龐大預算

由於中共國防科研、武器銷售收益、武器採購支出、國防工業對外營收，以及武警部隊經費（編列於公共安全預算）等均未列入國防預算中，所以在各種經費分散編列於各部會的情況下，龐大經費隱藏於非軍事預算項目下的可能性相當高。根據斯德哥爾摩國際和平研究所估計，中共軍事實際支出總額，一般認為應比公開數字高出 50% 左右。

（二）軍事採購與武器研發並行

中共為因應軍事現代化之需求，除積極向俄羅斯採購新型武器裝備，並透過軍購談判獲得相關技術移轉外，更以反向工程結合科研成果方式，自主研發各類型武器裝備，持續朝向國防自主之目的前進。

❶對外軍事採購現況

中共最大的武器輸入國為俄羅斯，目前仍持續採購大型氣墊船、絕氣推進系統（AIP）傳統潛艦、蘇愷 35 戰機、D-30KP-2 新型發動機及 S400 防空飛彈；另採購卡 28、卡 31 直升機，除配置於遼寧號航空母艦，並運用逆向工程發展新型預警、反潛直升機。

❷軍備武器自主研發

自 1990 年代以來，中共國防工業經歷重大改革，國防企業和研究機構持續重組以提高武器系統的研發和生產能力。近年來積極研製如新型無人飛機、戰鬥機、隱形戰略轟炸機、核子動力潛艦、潛射洲際彈道飛彈、航空母艦、新型船塢登陸艦，以及艦載機等新式戰略裝備。

2007年至2017年中共國防預算統計表

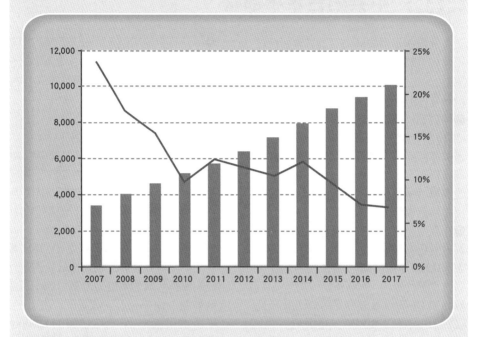

★中國軍力報告

知識補充站

　　美國國防部（俗稱五角大廈）為執行2000年通過的《國防授權法案》（National Defense Authorization Act fotFiscal Year, Public Law 106-65）第1202節，針對「中國人民解放軍在未來20年中，軍事技術發展的現況與未來可能的走向，以及中國總體戰略、安全戰略、軍事戰略，以及軍事結構與運作概念的信條與可能發展」等向美國國會提交年度報告之規定，自2002年起，每年都提交《中華人民共和國軍力報告》（The Military Power of the People's Republic of China）。

　　根據2017年最新報告內容，中國在軍事方面取得重大進展，主因是其實際國防經費支出逾1,800億美元，遠高於官方公布的1,400億美元。儘管中國大陸經濟成長速度逐年放緩，但在「可預見的將來」，其領導階層仍將致力於提高軍費質量。尤其中國2016年在紅海入口、蘇伊士運河航道上的吉布地興建首座海外軍事基地，或將是其擴張軍事勢力的第一步。其中，共軍陸海空擁有武力皆遠超過台灣，專對台灣作戰的轟炸機200架，台灣是0架，共軍傳統動力攻擊潛艦34艘，台灣是4艘，兩岸軍力失衡已是不爭事實。

UNIT **10-2**
中共對台軍事部署

中共最新軍備發展內容及其對台灣之威脅，可整理如下：

（一）彈道和巡弋飛彈能力

❶除長期向俄羅斯購買導彈外，還包括 CJ-10 對地巡弋飛彈、YJ-62 反艦巡航導彈等國產巡弋飛彈，如從俄羅斯進口的「日炙」（裝備於現代級驅逐艦）和「炎日」（裝備於基洛級潛艇）超音速反艦巡航導彈。

❷在東南沿海地區部署新的短程彈道飛彈並對現有型號進行升級。據我國國防部 2013 年《中共軍力報告書》指出，對台飛彈總數約 1,600 多枚。

❸發展 DF-21D 反艦彈道導彈，使其能在西太平洋對大型船隻，特別是航母進行打擊，射程據估計超過 1,500 公里且配備機動彈頭。

❹在核武方面，中共目前擁有 50-75 枚井式發射液體洲際導彈和公路機動固體洲際彈道導彈。到 2015 年左右還會新增 CSS-10 Mod2、加強版 CSS-4 及「巨浪 -2」彈道導彈。兩艘「晉級」戰略核潛艇已經服役，並攜帶「巨浪 -2」洲際彈道導彈。

（二）海軍

❶中共海軍有 1 艘航母、123 艘水面主力戰艦（驅逐艦和護衛艦）、76 艘潛艇、60 艘兩棲艦和中型登陸艦。目前已在海南島完成海軍基地建設，能容納核動力攻擊潛艇、彈道導彈核潛艇和包括航母在內的先進水面戰艦。首艘引進烏克蘭的航母「遼寧號」已於 2012 年正式服役，首艘自製航母也在 2018 年下水，未來 10 年內，中共可能再建造 1 至 2 艘航母以及其附屬艦艇。

❷中共具有能夠阻止外軍介入台海問題的魚雷和水雷。據估計，中共海軍擁有超過 5 萬種水雷，其中多數是過去 10 年研製的。

（三）空軍和防空力量

❶中共約有 5,200 架各型軍用飛機、490 架戰機可在不經二次加油情況下對台作戰，且愈來愈多新型先進戰機開始服役。2011 年新一代隱形戰機原型機 J-20 進行首飛，目前已有 85 架服役，同時進行的是 H-6（仿自前蘇聯 Tu-16）轟炸機的升級，並研製能夠搭載新型遠程巡航導彈，航程更遠的改進型號。目前數種空中預警機正陸續服役，包括 Y-8 平衡木和基於「Il-76」研製的 KJ-2000 預警機，2016 年成為俄羅斯 Su-35 首次出口國家，至 2017 年底約 14 架開始服役。

❷持續擴大先進遠程防空導彈的種類，包括多個 S-300（俄羅斯出口的最先進防空導彈）防空營。空軍還裝備國產 HQ-9 防空導彈。

（四）地面力量

中共地面部隊在 2017 年首度降至 100 萬以下，目前約 85 萬人，其中約三分之一部署在靠近台灣海峽地區。2015 年首度成立陸軍領導機構，地面部隊的現代化包括換裝 96 型與 99 型第三代主戰坦克，新一代兩棲裝甲車和一系列火箭炮發射系統。

對台飛彈部署數量

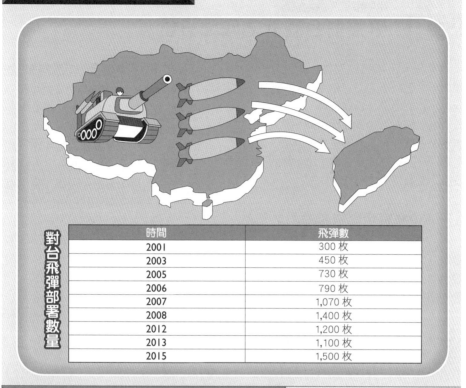

時間	飛彈數
2001	300 枚
2003	450 枚
2005	730 枚
2006	790 枚
2007	1,070 枚
2008	1,400 枚
2012	1,200 枚
2013	1,100 枚
2015	1,500 枚

對台飛彈部署數量

雄風巡弋飛彈試射射程示意圖

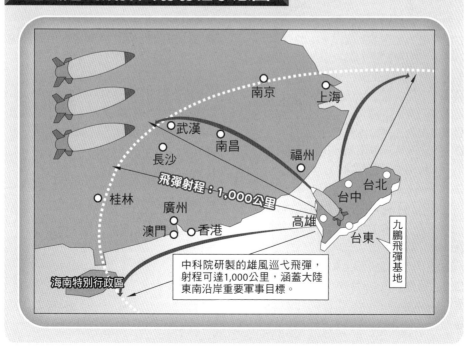

飛彈射程：1,000公里

南京　上海
武漢　南昌　福州
長沙
桂林　　廣州　　高雄　台北　台中
澳門　香港　　　　台東

九鵬飛彈基地

中科院研製的雄風巡弋飛彈，射程可達1,000公里，涵蓋大陸東南沿岸重要軍事目標。

海南特別行政區

UNIT **10-3**
中共對台動武之底線分析

中共迄今不承諾放棄對台動武之立場，雖然各時期武力犯台原則有些許差異，基本立場仍有脈絡可尋。比較中共政府歷年來對台動武條件可知，原則內容愈來愈廣泛，且界定愈來愈模糊。顯見中共日益提高其自由裁量權，對台海安全之威脅性愈來愈高。

（一）中共宣示之對台動武之三條件（2000 年以前）

❶台灣宣布獨立。

❷台灣發生內亂。

❸外國勢力干涉。

（二）三個如果（2000）

中共於 2000 年公布「一個中國的原則與台灣問題」文件作為第二份對台政策白皮書，強調：「一個中國」原則是實現兩岸和平統一的基礎和前提、中共反對「公民投票」、「兩德模式」、反對兩岸是「民主和制度之爭」的說詞，同時提出對台動武的三項原則（三個如果），將對台動武條件改為：

❶如果出現台灣被以任何名義從中共分割出去的重大事變。

❷如果出現外國侵占台灣。

❸如果台灣當局無限期地拒絕通過談判和平解決兩岸統一問題。

（三）反分裂國家法之動武條件（2005）

❶台獨分裂勢力以任何名義、方法造成台灣從中國分裂出去的事實。

❷發生將會導致台灣從中國分裂出去的重大事變。

❸和平統一的可能性完全喪失。

（四）美國《中共軍力報告》之推估（2009）

前述報告指出，中共近程目標顯然是透過政治、經濟、文化、法律、外交和軍事手段，防止台灣走向法理獨立。雖然北京當局聲稱希望和平統一，但解放軍仍在台海對岸部署短程飛彈、強化兩棲作戰能力，同時發展長程防空系統，顯示它仍不願放棄對台動武，並浮現使用武力的七條「紅線」如下：

❶台灣正式宣告獨立。

❷台灣採取未明確定義的獨立行動。

❸台灣內部發生動盪。

❹台灣取得核子武器。

❺無限期延遲兩岸統一對談。

❻外國介入台灣內部事務。

❼外國軍隊進駐台灣。

（五）其他智庫學者評估

國際評估與戰略中心資深研究員費舍爾（Richard Fisher）認為，解放軍最快可能在 2020 年中期對台動武；美國退役上校法內爾（James Fanell）表示，解放軍至遲可能在 2030 年前對台動武；美國智庫「2049 計畫室」研究員易思安則在新書中揭露，中國已擬訂一份 2020 年攻台的秘密計畫。

中國對台動武底線之轉變

2000年以前
・宣布獨立
・發生內亂
・外國勢力干涉

三個如果（2000）
・如果出現台灣被以任何名義從中共分割出去的重大事變
・如果出現外國侵占台灣
・如果台灣當局無限期地拒絕通過談判和平解決兩岸統一問題

反分裂國家法（2005）
・台獨分裂勢力以任何名義、方法造成台灣從中國分裂出去的事實
・發生將會導致台灣從中國分裂出去的重大事變
・和平統一的可能性完全喪失

美國軍力報告指出的中國對台動武七條紅線

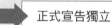

七條紅線

正式宣告獨立

採取未明確定義的獨立行動

內部發生動盪

取得核子武器

無限期延遲兩岸統一對談

外國介入台灣內部事務

外國軍隊進駐台灣

UNIT **10-4**
中共武力犯台之可能性

隨著中共軍事現代化加速，使其更有自信對台展開更縝密的軍事行動。美國國防部認為，中共若無法快速解決台海問題，至少會尋求以下方案：首先是影響美國公民和領導階層的決心，阻止美國干預台海衝突；其次是盡可能拖延美國的干預，並在不對稱、有限且快速的戰爭中努力贏得勝利；最後則是設法以作戰鞏固對峙僵局，然後藉由拖延衝突的方式尋求政治解決。至於中共對台動武的可能選項如下：

（一）海洋封鎖或禁運

儘管傳統的海上隔絕或封鎖將對台灣帶來短期影響，也會給解放軍帶來沉重負擔，因此中共可能搭配其他選項方案，如空中封鎖、導彈攻擊和布雷等，目的在於阻擋港口作業及空中運輸；儘管目前在美國（或加上日本）干預下，可能無法有效對台實施軍事封鎖，但在2020年左右，其實施封鎖的能力預料將穩步提升，至於步驟可能如下：
❶宣布正駛向台灣的船隻必須在大陸港口停靠，藉此在船隻抵達台灣港口前進行檢查。
❷以宣布舉行演習或導彈試射為藉口，關閉一些通往台灣的海域。

（二）有限的軍事作戰或威嚇策略

在一場有限度的對台戰爭中，中共可能利用各種破壞性、懲罰性或者致命性的軍事行動，對台灣特定目標發動攻擊，並結合下列公開或秘密之經濟及政治運作，迫使台灣方面就範：
❶進行電腦網路攻擊，並針對台灣政治、軍事和經濟基礎設施進行有限但活躍的攻擊。

❷誘發台灣方面的恐懼心理，並削弱民眾對領導層的信心。
❸由特種部隊進行滲透，對基礎設施或台灣領導人進行攻擊。

（三）空軍與導彈攻擊

大陸可能採用短程彈道導彈或精密攻擊，毀壞台灣的空軍基地、雷達站、導彈、空間設施和通信設備，進而在削弱空防能力後，使台灣的軍事和政治領導層陷於癱瘓，粉碎民眾投軍事反抗的決心。

（四）兩棲攻擊

亦即在後勤、海軍和空軍的聯合支援，及實施電子戰的情況下進行複雜的登島作戰。目標是突破沿岸防禦，建立灘頭堡，向台灣西海岸北部和南部的指定登陸位置輸送人員和物資。之後發起進攻，奪取和占領關鍵目標直至奪取全島。

對台動武的可能選項

對台動武的可能選項

海洋封鎖或禁運

有限的軍事作戰或威嚇策略

空軍與導彈攻擊

兩棲攻擊

實施海洋封鎖或禁運的步驟

檢查駛向台灣的船隻 → 關閉一些通往台灣的海域

有限的軍事作戰或威嚇策略

有限的軍事作戰或威嚇策略

進行電腦網路攻擊

誘發民眾的恐懼心理及削弱民眾的信心

對基礎設施或台灣領導人進行攻擊

UNIT **10-5**
美國對台軍售

美國軍售對台灣安全至關重要，其重點可歸納如下所述：

（一）台灣關係法（1979）

隨著 1978 年底美國與中共建交，共同防禦條約將跟著終止。為避免台灣被迫與蘇聯交往，同時不影響與中共剛建立的關係，美國遂於 1979 年簽署《台灣關係法》成為第 96-8 號公法，第 3 條規定：「為推行本法第 2 條揭示之政策，美國將供應台灣必要數量之防禦軍資與服務，俾使其維持足夠自衛能力。」

（二）八一七公報（1979）

根據中美針對軍售問題所進行談判的結果，雙方在 1982 年正式發表《八一七聯合公報》，其中第 6 條指出：「美國政府表示他不準備實施長期供應台灣武器的政策，而且出售給台灣的武器質量將不超過和中共建交以來的標準。美國有意逐漸減少對台灣武器銷售，並將在一段時期後最終解決。」但事實上，雷根政府對台軍售的彈性很大，特別是 1983 年決定出售 8 億美元防禦軍品，此數額超過去任何一年的軍售額度，由而也減輕了《八一七公報》對台灣的傷害。

（三）F-16 戰機出售案（1992）

老布希政府的對台軍售雖受限於《八一七公報》，但在項目上仍反映出對台灣安全需求的新評估，無論 1990 年對台出售 AH-1W 眼鏡蛇直升機及 OH-58D 戰搜直昇機，或 1991 年租借 16 艘諾克斯（Knox）級巡防艦等，以租借方式移轉軍品顯然是對《八一七公報》

的彈性解釋。更關鍵的當然是 1992 年宣布出售 150 架 F-16A/B 型戰機。

（四）小布希包裹軍售（2005）

在柯林頓政府與中共建立「建設性戰略夥伴關係」，於 1999 年反對「台灣安全加強安全法案」的立法，並於 2000 年拒絕出售神盾艦給台灣後，美國與台灣的關係明顯下降。但在小布希政府就任後，既揚言將在中共動武時協防台灣，並同意出售包括 4 艘紀德艦、12 架 P-3C 反潛飛機、12 架 MH-53E 掃雷直昇機等總價約 60 億美元的軍品，只不過台灣因面臨半世紀以來首次經濟負成長，加上朝野紛爭不斷，對此軍購回應緩慢。

（五）歐巴馬軍售案（2010）

歐巴馬政府於 2010 年宣布出售總價 64 億美元之防禦性武器，包括 UH-60 直升機、愛國者 3 型飛彈、魚叉訓練導彈、C4ISR（指揮、控制、通信、電腦、情報、監視、偵察）系統，以及魚鷹級掃雷艇等。

自 1979 年以來，美國從來沒有一任政府未對台軍售，成為一「公開的祕密」；歐巴馬政府雖在 2011-2013 年間因未宣布對台軍售，創下空窗紀錄，最後仍在 2014 年底宣布出售 4 艘派里級巡防艦給台灣。

（六）川普軍售案（2017）

川普政府宣布「AGM-88B 高速反輻射飛彈」等 8 項對台軍售案，總金額約 14.2 億美元，且當面向習近平宣稱「不會終止對台軍售」。

美國對台主要軍售一覽表

單位：美元

日期	內容	金額
1979 年 7 月	48 架 F-5E 戰鬥機	2.4 億
1979 年 11 月	500 枚小牛導彈	2,500 萬
1980 年 1 月	托式導彈、改良鷹式導彈、840 枚欉樹飛彈	2.8 億
1980 年 7 月	4 門 M110A 型自行榴彈炮	370 萬
1982 年 4 月	飛機維修零件	64 萬
1982 年 6 月	164 輛裝甲運兵車、72 輛迫擊炮車、31 輛指揮車	9,700 萬
1982 年 8 月	30 架 F-5F 戰機	6.2 億
1982 年 11 月	戰車、包括零部件及附屬設備	9,700 萬
1983 年 2 月	66 架 F-104G 型戰鬥機	N.A.
1984 年 6 月	12 架 C-130 型軍用運輸機	3.25 億
1985 年 2 月	F-5 型、F-100、T-33、T-28 戰機的雷達及零件	8,600 萬
1985 年 6 月	262 枚 MIM-72/M48 欉樹飛彈	9,400 萬
1986 年 8 月	2 架 S-2T 反潛巡邏機、AN/TPQ-37 雷達系統、27 架 S-2E/G 反潛機性能提升，合作生產 8 艘佩里級護衛艦	2.6 億
1989 年	88 枚標準飛彈	4,400 萬
1990 年 8 月	F-5、F-104、C-130 雷達零件一批	1.08 億
1991 年 9 月	110 輛 M60A3 主戰坦克	1.19 億
1992 年	8 架 C-130 運輸機	2.2 億
1992 年 7 月	租借 3 艘諾克斯級護衛艦	2.3 億
1992 年 8 月	207 枚標準飛彈	1.26 億
1992 年 9 月	150 架 F-16 戰鬥機	60 億
1993 年 1 月	200 枚愛國者飛彈及相關裝備	100 億
1993 年 3 月	4 架 E-2T 空中預警機	9 億
1993 年 6 月	飛機零件、雷達、導航設備	1.56 億
1993 年 11 月	150 枚 Mk46 Mod5RC 潛射魚雷及相關組件	5,400 萬
1994 年 2 月	租借 3 艘諾克斯級護衛艦	2.3 億
1994 年 9 月	4 艘永陽級遠洋掃雷艦	N.A.
1994 年 10 月	租借 2 艘新港級戰車登陸艦	260 萬
1995 年 5 月	160 輛 M60A3 主戰坦克	2.23 億
1996 年 8 月	1,299 枚毒刺飛彈及相關配備	4.2 億
1996 年 9 月	110 枚 Mk46 Mod5 反潛魚雷	6,900 萬
1997 年 3 月	54 枚 AGM-84A 魚叉飛彈、21 架 AH-1W 攻擊直升機、11 架 S-70C 反潛直升機	2.32 億
1997 年 5 月	700 多枚 DMS 野戰防空飛彈系統	5,800 萬
1997 年 5 月	2 艘諾克斯級護衛艦	N.A.
1998 年	4 架 S-70C 反潛直升機	7,000 萬
1998 年 3 月	13 架 OH-58 武裝偵察直升機、21 架 AH-1W 超級眼鏡蛇攻擊直升機、零配件及相關配備	4.52 億
1998 年 8 月	58 枚魚叉反艦飛彈、110 枚反潛直升機載 Mk46 型反潛魚雷、560 枚毒刺防空飛彈及配件	3.5 億
1998 年 10 月	F-16 飛行訓練及輔助設備、28 套導航者神射手導航及瞄準吊艙	4.4 億
1999 年 4 月	早期雷達預警防禦系統	8 億
1999 年 5 月	240 枚地獄火 2 型空對地反坦克飛彈、5 套 ANVRC-92E、SINC-GARS 型無線電系統、5 套情報電子戰系統、5 輛高機動性多用途輪車和相關零組件與輔助設備	8,700 萬
1999 年 7 月	2 架 E-2T 空中預警機、F-16 及運輸機零件	5.5 億
2000 年 3 月	162 枚改良型「霍克」防空飛彈、相關零配件，升級陸軍雷達工程	2.02 億
2000 年 6 月	39 套 F-16 機載導航及瞄準吊艙、AN/ALQ-184 型電子反制吊艙	3.56 億
2000 年 9 月	200 枚 AIM-120C 型中程空對空飛彈、71 枚魚叉艦對艦飛彈、146 輛 155 毫米自走炮、陸軍保密通訊設備	13.08 億
2001 年 10 月	40 套標槍反坦克導彈系統、360 枚導彈、零件等	5,100 萬
2002 年 9 月	182 枚響尾蛇空對空導彈、440 枚地獄火二型空對地反裝甲導彈、54 輛兩棲攻擊和指揮車輛、各種通訊裝備和維修材料	5.2 億
2003 年 11 月	200 枚 AIM-120C-5 空對空飛彈	N.A.
2004 年 4 月	2 套超高頻率遠端早期預警雷達及相關設備	17.8 億
2007 年 3 月	453 枚 AIM-120C-5 空對空飛彈、小牛空對地飛彈	4.21 億
2007 年 9 月	12 架 P-3C 反潛機、144 枚標準 -2 型飛彈	22.3 億
2009 年 9 月	F-16 A/B 型戰機升級及武器配備	58.5 億
2010 年 2 月	3 架 EC255 超級美洲獅空中搜救直升機	1.1 億元
2013 年 6 月	4 艘派里級巡防艦	6 億

UNIT 10-6
台灣的國防戰略

　　為因應國際戰略環境變遷，我國之國防戰略目標擬定如下：

（一）預防戰爭

❶堅實防衛作戰整備，推動國防轉型，落實全民總體防衛。

❷推動區域軍事安全交流合作，爭取雙邊或多邊軍事交流合作。

❸厚植國防實力，推廣軍事外交。

❹依「先急後緩、先易後難、先經後政」原則，研議兩岸軍事互信機制。

（二）國土防衛

❶因應現代科技戰爭型態對高素質人力需求，結合經濟及社會條件變化，在可獲國防資源下，推動募兵制。

❷以「遠距精準接戰」與「同步聯合作戰」原則發展聯戰能力。

❸依「防禦性、國內無法自行生產及汰舊換新」原則持續軍購。

❹強化因應敵突襲下的戰力保存。

❺持續推動全民國防教育，並確保平時與戰時迅速動員能量。

（三）應變制變

❶持續整合情、監、偵能量，提升各類情報蒐研、情資整合與早期預警能力，嚴密監控周邊海、空域安全狀況，並強化與友我國家情報交換。

❷透過國軍聯合作戰指揮機制，由專責快速應變部隊完善危機應變。

❸提升應急作戰能力，針對敵可能突襲之行動，預擬突發狀況處置方案，實施模擬演練，俾能迅速控制並解除危機，降低損害。

❹完備災害防救能力，以有效協助地方政府迅速投入救援行動；另持續籌購兼具戰備與救災之裝備及儲備動員能量，提升國軍整體災防能力。

❺持恆資安防護，強化網路安全整備，並透過資安講習、資安通報、資安突檢及緊急應變演練等各項強化作為，有效支援各項平、戰任務。

（四）防範衝突

❶落實軍事衝突防範作為，藉定期公布演習活動、四年期國防總檢討（QDR）、國防報告書等資訊透明化措施，增進周邊國家對我國防政策之瞭解。

❷確保於任務執行過程中，避免因誤判或意外，引發衝突。

（五）維護區域穩定

　　與亞太區域國家建立更緊密之安全鏈結、共同維護區域海空安全、致力參與國際反恐與人道救援行動，以及遵守國際上核武及飛彈技術不擴散規範。

台灣的國防政策目標：建構「固若磐石」之國防武力

建構可恃戰力

優化官兵照顧

鞏固精神戰力

推動募兵制度

固若磐石的武力

維護區域穩定

強化災害防救

展現防衛決心

資料來源：
2013年國防報告書

我國軍事戰略構想：防衛固守、有效嚇阻

我國軍事戰略構想

防衛固守以確保國家領土安全

有效嚇阻以消弭敵人進犯意圖

反制封鎖以維護海空交通命脈

聯合截擊以阻滯敵人接近本土

地面防衛以不讓敵人登陸立足

第**11**章

兩岸關係的經貿面向

UNIT **11-1**
兩岸經貿互動分析

自 1987 年開放交流以來,根據陸委會經濟處數據,2017 年兩岸貿易總額為 1,390.4 億美元,其中我國對大陸出口為 890 億美元,自大陸進口為 500.5 億美元,共出超 389.5 億美元。過去兩岸經貿互動發展可歸納如下:

(一)兩岸貿易發展特徵
❶雙邊貿易額不斷提升
在 2008 年直航以前,兩岸貿易主要透過香港中轉進行,除 1982-1983 年、1986 年與 1996 年之外,其他年份金額都呈現上升趨勢,且順差額自 1996 年後更不斷擴大。

❷貿易依存度日益深化
台灣對中國大陸的貿易依存度由 1979 年的 1%,快速增至 2000 年的 21% 與 2010 年的 41%,2013 年略降至 39%,2014 年再降至 25%。1993 年,中國大陸成為僅次於美國與日本,台灣第三大貿易夥伴,2005 年起更躍居台灣對外貿易對象首位,其次為日本與東協。2015 年 1-12 月我國對中國貿易占總體外貿比重 22.7%;其中,出口占我總出口比重 25.4%,進口占我總進口比重 19.3%。

❸兩岸產品具互補性質
台灣輸往大陸主要為工業原料、半成品與零組件等,自大陸輸入則以初級產品為主,但近年已開始轉變。

❹台商持續赴大陸投資
一方面由於陸資來台受限,加上中國大陸市場明顯擴張進展,儘管曾存在「戒急用忍」政策,仍無法阻止台商前往淘金。

(二)兩岸產業分工模式
❶從兩岸協力到全球分工
過去,「台灣接單、大陸生產」為多數台商在兩岸分工架構下的經營模式,但因中國大陸投資環境持續變遷,台商營運也改採「台灣或矽谷或大陸從事產品開發、美國與歐洲接單、香港財務調度與採購、大陸生產交貨」之全球分工模式。

❷兩岸細部分工格局變遷
由於許多廠商生產據點移走,使台灣逐漸缺乏培養優秀產品開發與製造工程師的環境,為提升生產效率,愈來愈多台商直接在大陸廠區展開產品研發的後段作業,不再依賴台灣的研發工程師完成準備。

❸從分工走向競爭之趨勢
隨著大陸經濟快速發展與資本大量累積,尤其是本身有足夠市場來支持本土產業,再加上地方政府希望以提升經濟作為政績,造成近年來大陸國內投資暴增,從而與台灣形成新的競爭局面。

(三)兩岸經濟整合倡議
❶華人經濟區
世界銀行在 1993 年的年度報告中,首度將中國大陸、台灣與香港以「華人經濟區」一詞加以涵蓋分析。

❷海外華人網絡
趨勢專家奈思比在 1996 年提出。

❸海峽經濟區
福建省政府於 2004 年提出建構「海峽西岸經濟區」構想,2011 年中國國務院正式批准規劃,並賦予「先試先行」權利。據此,福建政府設置了「平潭綜合實驗區」,以兩岸共同開發並大舉招募台灣人才為號召。

歷年兩岸經貿發展趨勢

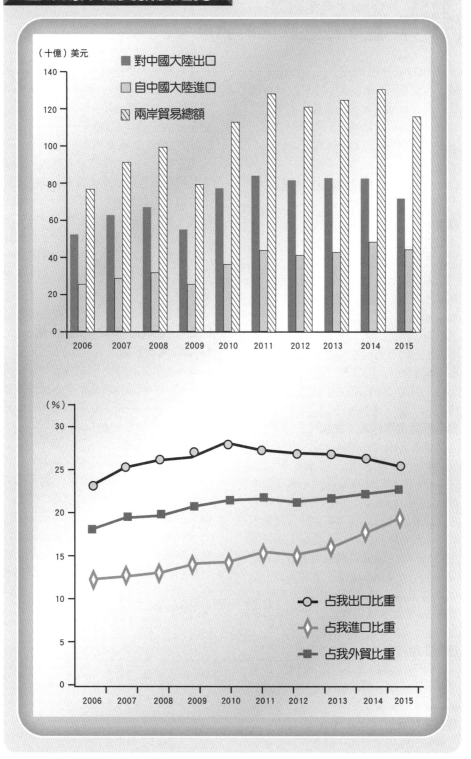

UNIT **11-2**
直航三通政策的發展

自 1979 年中共提出「三通四流」口號，台灣則於 1987 年片面開放對大陸探親與經貿互動後，三通直航便不斷成為總統大選爭辯焦點；至於兩岸直航三通政策之發展可歸納分析如下：

（一）直航三通政策之漸進逐步落實

❶ 金馬小三通（2000）

根據立法院於 2000 年三讀通過《離島開發建設條例》第 18 條規定：「在台灣本島與大陸地區全面通航之前，得先試辦金門、馬祖、澎湖地區與大陸地區通航」。同年 12 月，行政院公布《試辦金門馬祖與大陸地區通航實施辦法》，金門與馬祖客船首次直航廈門與福州馬尾港；次年 1 月「小三通」正式上路。共計 2001-2014 年往返達 9.3 萬航次。

❷ 春節與貨物包機（2003）

為輸運春節返鄉旅客，6 家航空公司於 2003 年透過 16 班、32 飛行架次運送 2,478 位台商及眷屬返台，締造兩岸斷航 54 年後首次直接航行記錄，擴大小三通春節直航返鄉專案也同步啟動。同年 9 月，陸委會宣布「兩岸間接貨運包機」政策，開放我國航空業者以「單向、中停港澳往返上海」方式，進行兩岸貨物運輸。2005 年，中國大陸民航飛機 56 年首次透過春節包機途徑直航台灣。

❸ 開放陸客來台（2004）

2004 年，首批大陸旅遊團 55 人從廈門乘「同安號」客輪直航金門，大陸居民首度以「遊客」的身分抵達金門。

❹ 客貨包機節日化（2006）

兩岸政府同步宣布，同意先行實施具有共識的專案貨運包機、節日客運包機機制化、緊急醫療包機和特定人道包機等四項專案包機。

❺ 全面大三通（2008）

根據 2008 年兩會協議，行政院透過「小三通正常化推動方案」開放大陸遊客利用小三通經金馬中轉到台灣旅遊；北京則宣布實施台胞證號碼一人一號、終身不變政策。同年 11 月，兩會簽署三項協議，兩岸空中直航、海上直航和直接通郵正式實施。兩岸航點從 2008 年我方 8 個與陸方 5 個，至 2013 年增至我方 10 個與陸方 54 個。

（二）直航政策之影響評估

❶ 運輸成本方面

海運直航估計每年可節省新台幣 8.2 億元與約一半的運輸時間，空運可節省旅客旅行成本估計每年約新台幣 132 億元與 860 萬小時。

❷ 總體經濟效益

降低成本後可提高企業經營效率；營造兩岸關係改善的正面印象，進而對國內金融市場產生激勵作用。

❸ 負面影響方面

大陸物品進口增加及大陸台商產品回銷衝擊國內產業；台灣人民擴大赴大陸從事商務活動，可能造成內需減少與資金向大陸傾斜，並繼續增加台灣對大陸貿易依存度。

直航三通政策之歷程（開放程度度愈來愈高）

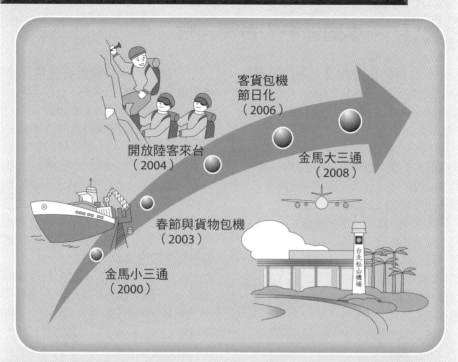

客貨包機
節日化
（2006）

開放陸客來台
（2004）

金馬大三通
（2008）

春節與貨物包機
（2003）

金馬小三通
（2000）

台北松山機場

大陸旅客來台觀光人數統計表及陸團外匯收入

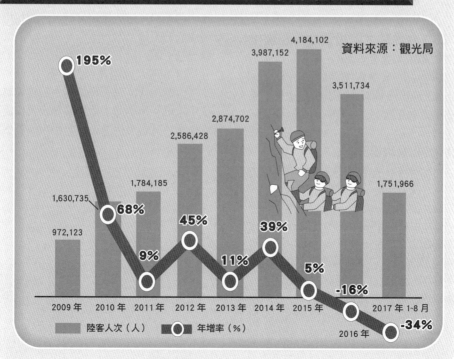

資料來源：觀光局

195%

4,184,102

3,987,152

3,511,734

2,874,702

2,586,428

1,784,185

1,751,966

1,630,735

972,123

68%

45%

9%

11%

39%

5%

-16%

-34%

| 2009 年 | 2010 年 | 2011 年 | 2012 年 | 2013 年 | 2014 年 | 2015 年 | 2017 年 1-8 月 |

2016 年

■ 陸客人次（人）　○ 年增率（%）

UNIT **11-3**
兩岸關係中的台商角色

（一）台商赴大陸投資之階段發展

❶試探性階段（1981-1991）

隨著中共結束文革，早在 1991 年解除動員戡亂並鬆綁台商赴大陸投資政策之前，許多台灣本土企業即已透過第三地投資方式進入中國市場，尤其是透過香港中轉進行有限之商品貿易。

❷擴張性階段（1992-2007）

即便在李登輝與陳水扁時期「戒急用忍」與「積極管理」等緊縮性政策的壓力下，台商仍在大陸投入龐大資金並創造可觀的貿易金額，形成「上有政策、下有對策」的現象。

❸加速性階段（2008-）

隨著中國大陸經濟持續崛起，帶動全球經濟結構轉型，加上兩岸自正式開放直航後解除政策性管制，雙邊產業互動也進入更緊密分工時期。

（二）台商赴大陸投資之特點變化

❶投資產業趨向多元化

中大型企業投資增多，同時逐漸從勞力密集轉向技術與資本密集產業，並由傳統製造業外溢至更廣泛之服務業部門。

❷平均投資規模日益擴大

平均投資規模由 1991 年 74 萬美元迅速提升至 1996 年的 339 萬美元，2006年進一步提升至 685 萬美元。2015 年1-12 月台商對中國大陸經核准投資含補辦件數為 427 件，總核准金額含補辦為109.7 億美元，主要仍集中於珠三角與長三角地區，近期則逐步往內陸發展。

❸內容朝集資合作發展

台商由早期個別辦廠，目前朝水平整合、策略合作與集團化演進。

（三）台商對兩岸關係之政治影響

❶組織台商協會

在中共於 1988 年同意台灣投資者可以向當地人民政府申請成立台商協會後，1994 年中共人大常委會繼續通過《投資保護法》，讓協會合法權益受到法律保護。至 2014 年 3 月止，大陸地區台商協會共計 139 個，各地協會並於2007 年成立「全國台灣同胞投資企業聯誼會」（台企聯）。

❷參與選舉投票

在大陸長期定居的台商人數估計約30 萬人（不含眷屬），再加上其他常住之商人、眷屬、學生、「台流」（沒有固定工作的台灣人）、非正常營業台企的留守人、純移居人士等，合理總數約 50-100 萬人。隨著選舉成為影響台灣政治發展最重要機制，大陸台商也成為中共、國民黨與民進黨等各方競相攏絡爭取的對象。

❸擔任公職

依《兩岸人民關係條例》第 33 條規定：台灣地區人民不得擔任大陸地區職務，但近年來台商加入中共地方政協蔚為風潮，且迄今尚無任何人因兩岸關係條例受到處分。

台商赴大陸投資之階段發展

試探性階段
- 透過第三地投資方式進入中國市場
- 透過香港中轉進行有限之商品貿易

擴張性階段
李登輝
陳水扁
- 李登輝：戒急用忍
- 陳水扁：積極管理造成：上有政策、下有對策」的現象

加速性階段
- 2008年後，兩岸直航並解除政策性管制
- 雙邊產業進入更緊密分工時期

台商赴大陸投資之特點變化

投資產業趨向多元化

投資特點

內容朝集資合作發展

平均投資規模日益擴大

UNIT *11-4*
兩岸簽署 ECFA 之影響

《海峽兩岸經濟合作架構協議》是兩岸於 2010 年在第五次江陳會談中共同簽署的一項雙邊經貿協議。其後陸續展開貨品貿易、服務貿易、投資保障及爭端解決等各項協議之協商進程。其相關發展分別敘述如下：

（一）倡議背景

基於中國大陸與東南亞國協所簽署自由貿易協定（CAFTA）即將於 2010 年正式生效，以及東協加三（ASEAN plus 3）積極談判經濟合作所帶來之壓力，我國民間工商團體自 2009 年起呼籲政府儘速與中國大陸簽署《兩岸綜合性經濟合作協定》（Comprehensive Economic Cooperation Agreement, CECA），以避免台灣在區域經濟中被邊緣化的危機。由於正式之自由貿易協議談判恐曠日費時，於是兩岸決定先洽簽「架構協議」。

（二）協議內容

ECFA 文本包括：序言、五章、16 條條文，內容涵蓋協商貨品貿易與服務貿易協議、建立投資保障機制、推動經濟合作、貨品與服務貿易早期收穫、貿易救濟規則（如反傾銷、防衛措施等）、經貿爭端解決機制，以及 ECFA 生效及終止等條款。ECFA 採取「早期收穫」（Early Harvest）方式，對雙方最急迫且獲有共識的貨品與服務業，優先進行關稅減免與市場開放。早期收穫清單的內容大致分為貨品貿易及服務貿易兩部分：

❶貨品貿易方面

雙方依照約定的稅率調降關稅：台灣方面提出早收清單 539 項，占對大陸出口 16.14%；大陸方面則提出 267 項，占對台灣出口 10.53%。關稅減稅部分主要包括台灣輸往中國大陸的石化、機械、紡織品及汽車零配件。

❷服務貿易方面

台灣承諾開放 9 項（非金融服務業 8 項、金融服務業 1 項），大陸則承諾開放 11 項（非金融服務業 8 項、金融服務業 3 項）。然而，《海峽兩岸服務貿易協議》（Cross-Strait Service Trade Agreement, CSSTA）雖於 2013 年兩岸兩會第九次高層會談中簽署，卻於 2014 年立法院審查過程中造成重大爭議，部分學生及社會運動組織更發起「太陽花學運」反制。

（三）可能效益評估

❶台灣有機會突破經濟孤立，走出被邊緣化威脅

藉由讓兩岸經貿在制度化架構下創造更多商機與就業機會，台灣價值有機會受到亞太社會重視，成為各國企業進軍大陸市場的一個跳板。

❷帶來正面經濟增長

根據中華經濟研究院評估，簽署 ECFA 將為台灣在整體經濟成長率上增加 1.65-1.72%、總就業人數增加 25.7-26.3 萬人。

海峽兩岸服務貿易協議的優缺點

ECFA 優缺點	
好處	壞處
❶出口企業取得市場及競爭力 ❷ GDP 提高 ❸跨國企業營運或研發中心設在台灣 ❹就業機會、勞工薪資增加 ❺廉價大陸貨促使國內物價下降 ❻受陸商威脅，業者加速轉型，找到藍海	❶台灣經濟將過度依賴中國大陸 ❷矮化台灣主權 ❸衝擊台灣的弱勢產業 ❹部分產業勞工失業 ❺勞工薪資水準向下看齊大陸

服務貿易的模式

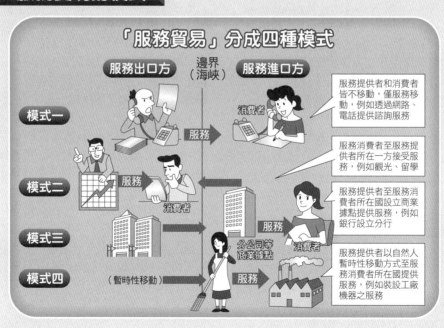

UNIT 11-5
美國推動 TPP 對兩岸關係之影響

（一）TPP 的階段性發展

❶ P4 時期（2005-2007）

2005 年，新加坡、紐西蘭、汶萊和智利發起簽署《跨太平洋戰略經濟夥伴關係協議》（TPP，又稱 P4），旨在支持 APEC 促進亞太地區貿易自由化。

❷ TPP 時期（2008-2016）

美國於 2008 年宣布加入 TPP 談判並於 2010 年展開首回合談判，2011 年又於 APEC 高峰會中促成「TPP 框架協議」。TPP 於 2015 年 10 月完成談判後，繼之於 2016 年 2 月完成簽署，接著交由各國進行國內批准程序。

❸ CPTPP 時期（2017-）

由於推動 TPP 的美國由新總統川普 2017 年 1 月宣布推出，其餘 11 國乃在日本主導下將 TPP 改稱《跨太平洋夥伴全面進步協議》（CPTPP），大致維持原 TPP 內容，但暫停適用原依美國要求納入之「投資人及地主國爭端解決機制」、「智慧財產權保護」及「政府採購」等議題，於 2018 年 3 月完成簽署，可望於 2019 年初完成半數批准門檻。

（二）TPP 之內容與重點

❶入會辦法

如同原先 TPP 規範，個別國家加入前提類似 WTO，包括符合 CPTPP 標準與目標之準備度與企圖心，先與個別成員繼進行雙邊協商，最後由會員國共同決議。

❷預期效益

目前 CPTPP 共 11 個會員國人口規模將近 5 億（占全球 7%），2017 年 GDP 合計超過 10.6 兆美元（占全球 13.3%，僅次於歐盟的 25% 及 NAFTA 的 26%），且更接近 APEC 自 2006 年以來追求之亞太自由貿易區（FTAAP）發展目標，有助於深化區域貿易自由化及經濟整合。

❸發展預期

目前表達想參與 CPTPP 的 6 國（台灣、泰國、印尼、哥倫比亞、英國和南韓）中，泰國與哥倫比亞可能進入第二回合談判。

❹台灣加入之利益

我國產品出口至 CPTPP 會員國仍有 25% 金額面臨關稅，加入後可享受降稅優惠；瞭解並利用 CPTPP 協定掌握商機，有助於提升中小企業競爭力；透過 CPTPP 訂定環境及勞動等規範，形成國際標準，可使我國廠商處於公平競爭地位。

（三）TPP 與兩岸關係

❶潛在之「經濟圍堵」中國意圖

雖然美國強調「TPP 絕非針對中國」，也歡迎中國大陸在一定前提下加入，但現階段挑戰並壓制中共在東亞區域經濟核心地位之意圖仍相當明顯，但在美國退出後，此一發展之未來值得觀察。

❷台灣之因應與可能挑戰

基於外交經貿上之長期困境，我國政府向來把加入 TPP 視為優先政策目標，希望透過爭取加入 TPP 以突破孤立困境。儘管在美國推出後，新成立之 CPTPP 或降低「反中」意味，相對地，由於中共與目前 CPTPP 多數會員國均存在邦交與緊密經濟關係，可能也導致這些國家無法輕易同意讓台灣加入談判，這也是我國或無法成為 CPTPP 首批擴張成員的困境所在。

從TPP到CPTPP

跨太平洋夥伴全面進展協定（CPTPP）

原為「跨太平洋夥伴協定」（TPP），2017年1月美國出TPP後，由11個成員國改組並更名為「跨太平洋夥伴全面進展協定」（CPTPP），並於2018年3月簽署。

 · 日本
2011年11月加入

 · 汶萊
2005年5月加入

 · 越南
2010年加入

 · 馬來西亞
2010年加入

 · 新加坡
2005年5月加入

 · 澳洲
2009年11月加入

· 紐西蘭
2005年5月加入

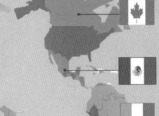

· 加拿大
2012年6月加入

· 墨西哥
2012年6月加入

· 祕魯
2009年11月加入

· 智利
2005年5月加入

- 最早於2005年由APEC的四個成員新加坡、智利、汶萊及紐西蘭發起。
- 成員國包括新加坡、汶萊、智利、紐西蘭、澳洲、祕魯、馬來西亞、越南、日本、加拿大和墨西哥共11國。
- 為促進亞太地區的貿易自由化。

台灣加入CPTPP之挑戰

關稅減讓	● CPTPP成員國不乏農業大國，關稅降低以致進口農產品增加，對農民帶來影響 ● 食品、汽車、紡織品等現行高關稅貨品，失去關稅保護後，如何因應日本、越南等國家的競爭
爭議問題	日本福島核災食品進口解禁之爭議
國際阻力	中國大陸雖未加入CPTPP，但勢將透過經貿力量，對台灣加入CPTPP多所阻撓

UNIT **11-6**
區域 RCEP 談判與兩岸關係

（一）RCEP 的發展與前景

❶啟動談判

繼 2011 年東亞高峰會提出「東協全面經濟夥伴關係架構」倡議後，在 2012 年部長級會議上，東協更與中國、日本、南韓、印度、澳洲、紐西蘭等 6 個貿易夥伴國宣布於 2013 年正式啟動《區域全面經濟夥伴關係協定》（RCEP）談判，至 2018 年 8 月已進行 23 回合談判。

❷發展前景

在東協主導下，RCEP 希望能整合「東協加 1」、「東協加 3」和「東協加 6」等框架，成為一個新型且更廣泛之泛亞洲 FTA。在統一各種「東協加 N」複雜的撤除關稅障礙規定與原產地原則後，藉由引進與跨國供應鏈適應的「累積方式」，目標在建構有效率的生產網路以強化區域產業競爭力。

（二）RCEP 之內容與重點

❶入會辦法

RCEP 以「開放加入」為原則，任何與東協簽署 FTA 或其他經濟夥伴國都可參與，目的在構築含括所有區域經濟夥伴之 FTA 網絡，加入門檻相對較低；同時，RCEP 雖亦強調較高之自由化程度（95%），相較 TPP 則仍允許設置關稅例外措施以及較長的過渡期。

❷談判議題

目前東協與各 FTA 夥伴國已設立政府間貨品貿易、服務貿易和投資貿易等 3 個工作小組，負責規劃談判準備工作。東協經濟共同體（AEC）藍圖中的優先領域，以及與生產相關的分銷、電信及金融服務業等，均納入 RCEP 談判過程中的重要議題。

❸預期效益

若 RCEP 能夠順利整合東協和 6 個主要貿易夥伴之間既有的 5 項 FTA（澳紐共同與東協簽署），預估將成為人口約 30 億、GDP 逾 19 兆美元、占全球貿易值 32%，僅次於 WTO 的 FTA。

❹潛在挑戰

眾所周知，中美都希望將東亞區域經濟合作納入其影響下，以保護各自的經濟利益，也因此在前述兩國角力之下，RCEP 及 TPP 兩個協定的競爭有可能分化 ASEAN 與東亞各國。然而，在美國新任總統川普宣布退出 TPP 後，RCEP 重新獲得區域國家的高度關注，相關談判亦加速取得若干進展。

（三）RCEP 與兩岸關係

❶有助落實新南向政策

RCEP 成員是我國主要出口市場及投資地區，2015 年 RCEP 16 國占我國貿易總額 57.60%，達 2,932 億美元；我國對 RCEP 出口額亦占我國出口總額 57.26%，約 1,605 億美元。由於 RCEP 原產地規定會衝擊我國出口，如果我國被排除在 RCEP 之外，不但可能在既有區域供應鏈被邊緣化，未來推動新南向政策更將失去著力點。

❷無法忽視之中國因素

若 TPP 最後不能生效，亞太區域國家將轉向中國主導的 RCEP，從而提高此一協定在區域經貿事務中的影響。然而，兩岸官方聯繫在蔡英文政府拒絕承認九二共識下日愈低迷，台灣恐難加入此一由中國主導的區域性 FTA，而再次深陷區域經貿邊緣化的危機。

不加入TPP、RCEP，台灣恐被邊緣化

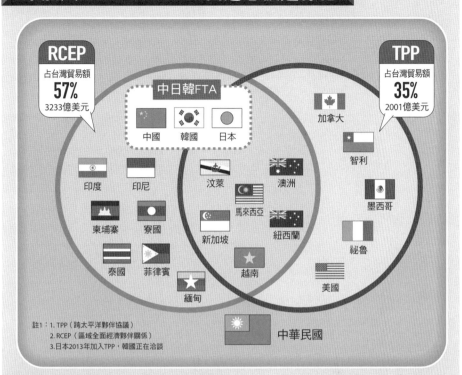

RCEP
占台灣貿易額
57%
3233億美元

中日韓FTA

中國　韓國　日本

印度　印尼

柬埔寨　寮國

泰國　菲律賓

緬甸

汶萊

馬來西亞

新加坡

越南

澳洲

紐西蘭

TPP
占台灣貿易額
35%
2001億美元

加拿大

智利

墨西哥

祕魯

美國

中華民國

註1：1. TPP（跨太平洋夥伴協議）
　　　2. RCEP（區域全面經濟夥伴關係）
　　　3.日本2013年加入TPP，韓國正在洽談

TPP與RCEP發展期程

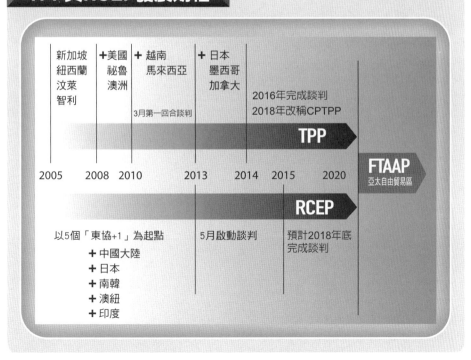

新加坡
紐西蘭
汶萊
智利

+美國
祕魯
澳洲

+越南
馬來西亞

3月第一回合談判

+日本
墨西哥
加拿大

2016年完成談判
2018年改稱CPTPP

TPP

2005　2008　2010　2013　2014　2015　2020

FTAAP
亞太自由貿易區

RCEP

以5個「東協+1」為起點
+ 中國大陸
+ 日本
+ 南韓
+ 澳紐
+ 印度

5月啟動談判

預計2018年底
完成談判

第**12**章

兩岸關係的社會面向

章節體系架構 ▼

UNIT 12-1
兩岸人民往來基本規範

（一）探親政策

1987 年，我國政府為落實民主政治與憲政體制，宣告解除自 1950 年以來實施長達 38 年的「戒嚴令」。同年底更基於倫理考慮，進一步開放赴大陸探親。自此，兩岸人員往來從 1987 年台灣單向前往 46,679 人次，至 2015 年雙向來往合計一度突破 1,000 萬人次大關，但 2016 年後因兩岸陷入政治僵局，陸客來台人數下降而略減。茲將我國相關規定演變臚列如下：

❶開放初期

以在大陸地區有「三等親內之血親、姻親或配偶」的一般民眾為主，但排除現役軍人及現任公職人員。

❷逐步放寬

其後，政府不斷依民意放寬限制，除了將一般民眾赴大陸探親的親等放寬為四親等外，又開放公立學校教職員工、政府機關與公營事業機構技工等赴大陸探親、開放各級民意代表赴大陸探親及訪問、延長赴大陸探親時間與次數、開放公務員赴大陸探病奔喪，及九職等以下公務員等。

❸現行規定

除在「身分」方面對公務員、情治人員及現役軍人尚有「事由」限制外，目前絕大多數民眾都可自由辦理出入大陸手續。

❹大陸民眾來台原則

主要採取「去寬來緊」原則。首先，早年規定不得申請進入大陸探親的軍警及其他公務員，允許其大陸地區三親等內血親配偶可申請來台，並陸續開放在大陸父母、配偶、子女或或滯留大陸而在台原有戶籍者也可來台探親。除此之外，為促進兩岸民間交流，又採取重點式的開放辦法，如開放大陸地區文教、經貿等專業人士來台參觀訪問。

（二）依親與歸化政策

由於台灣地狹人稠，無法容納過多大陸人民前來，只能有限度開放。但隨著兩岸交流日益頻繁，締造更多的姻親或血親關係，目前政府正設法放寬大陸人民的來台限制。根據《臺灣地區與大陸地區人民關係條例》，目前仍以配偶在台者為主，年邁或年幼大陸直系血親及配偶、滯留大陸的台籍人士或前國軍人員等特定人士，則同意來台定居。

至於在陸配取得居留權與身分證規範方面，依現行法規，陸配入境取得居留權後，至少須 6 年才可取得中華民國身分證。目前則修法下調至 4 年。

❶團聚→依親居留

首次申請團聚入境，在通過面談及按捺指紋程序後，只要檢具體檢表及良民證（經海基會驗證）即可立刻改辦依親居留，每年數額不限。

❷依親居留→長期居留

台灣地區人民之配偶經許可在台灣依親居留滿 4 年，且每年居住逾 183 日者即可改辦長期居留。每年限 15,000 人。

❸長期居留→定居

連續居留滿 2 年，且每年居住 183 天可改辦定居。倘與國配離婚取得未成年子女監護權則須連續居留 4 年且每年居住逾 183 天，即符合定居條件。

台灣開放探親政策的演變歷程

開放初期

除現役軍人及現任公職人員，開放在大陸地區有
「三等親內之血親、姻親或配偶」之一般民眾

逐步放寬

將一般民眾放寬為四親等外，又開放公立學校教職員工、
政府機關與公營事業機構技工及各級民意代表等

現行規定

除了具特殊身分的公務員以及情治人員、現役軍人外，
絕大多數民眾皆可自由辦理出入大陸

依親與歸化政策

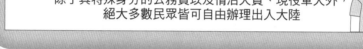

**依親與
歸化政策**

團聚→依親居留
❶首次申請團聚入境後，在通過面談及按捺指紋後，
只要檢具體檢表及良民證即可立刻改辦依親居留
❷每年數額不限

依親居留→長期居留
❶在台灣依親居留滿4年，且每年居住逾183日者，即
可改辦長期居留
❷每年限15,000人

長期居留→定居
❶連續居留滿2年，且每年居住183天可改辦定居
❷假若離婚但已取得未成年子女監護權，連續居留4
年且每年居住逾183天則可辦理定居

UNIT **12-2**
大陸配偶與新台灣之子

（一）大陸配偶問題

自從 1992 年我國開放兩岸通婚以來，兩岸婚姻數量不斷增加。例如據 2018 年 3 月行政院陸委會統計數據，台灣「新住民」總數約 53.3 萬人，其中，大陸配偶總數累計超過 33 萬人，但每年新增陸配人數已由 2010 年的 1.1 萬人大幅下降至 2017 年的 2,456 人。由此衍生問題包括：

❶身分權問題

依現行規定，大陸配偶取得身分證至少須要 6 年，比其他外籍配偶只需 4 年之規定更為嚴苛。陸委會為落實「大陸與外籍配偶權益衡平」政策，已擬具《臺灣地區與大陸地區人民關係條例》第 17 條修正草案，將大陸配偶取得身分證年限改為 4 年，並於 2012 年 11 月送請立法院審議。

❷工作權問題

依現行規定，大陸地區配偶只要取得合法有效之依親居留或長期居留許可，居留期間即擁有工作權，不必向勞委會申請工作許可，不必持有身分證，即可在台灣工作。大陸地區配偶於求職或受僱時均受《就業服務法》及《性別工作平等法》保障，雇主不得因其為大陸地區配偶而有差別待遇或就業歧視。

❸財產權問題

2009 年《臺灣地區與大陸地區人民關係條例》修法前，若大陸配偶在拿到身分證前配偶過世，至多只能繼承新台幣 200 萬元；修法後，正式取消大陸配偶遺產繼承不得超過新台幣 200 萬元的上限，並放寬長期居留的大陸配偶可以繼承不動產。而對於遭強制出境的大陸配偶，也將召開審查會，給予當事人有陳述的機會。

（二）新台灣之子問題

❶新台灣之子的定義

亦即由外籍（包括中國大陸）配偶所生子女，亦即父親或母親是非中華民國籍人士的國民。由於此類人口數明顯增加，在台灣人口數占有一席之地，因此俗稱「新台灣之子」。

❷占社會人口比例

依據行政院主計總處統計，102 學年度新移民子女就讀國中小學人數為 21 萬人，較 97 學年度增加 61.5%，占全體學生 9.9%，相當於每 10 位學童中就有 1 位。其中若按父母親原生國籍觀察，又以越南（39.9%）及中國大陸（37%）的比例合占逾 76% 最多。

❸可能之社會衝擊

跨國婚姻部分由台灣弱勢男性與外籍女性所組成，經常因跨文化生活不易調適、價值觀差異、語言隔閡等因素，直接衝擊到子女（新台灣之子）教養。根據研究調查，新台灣之子的雙親教育程度、家庭收入、家長指導學生時間、家中電腦及圖書數，均顯著低於本籍學生。

大陸配偶在台衍生的問題

新住民子女就讀國中小學生人數及占比

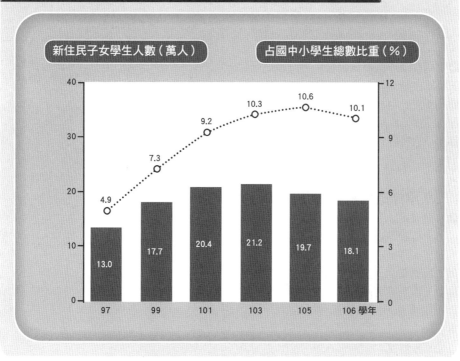

UNIT **12-3**
婚姻與繼承問題之規範

我國自 1987 年開放國人赴大陸探親開始，隨著兩岸交流互動的頻率與範圍持續擴大，兩岸婚姻與繼承的規範問題也愈來愈普遍。依兩岸政府現行法規，兩岸婚姻與繼承相關規範如下：

（一）兩岸人民結婚及申辦大陸配偶來台流程

❶向公證人辦理單身公（認）證書，以及與結婚之對象無直系血親和三代以內旁系血親關係之公（認）證書。

❷大陸地區省、自治區、直轄市人民政府民政部門或其指定的機關登記結婚。依大陸地區《婚姻法》規定，男生須年滿 22 歲，女生須年滿 20 歲。

❸大陸地區指定之公證處，辦理結婚公證書。公證書副本須經公證處轉交省（市、自治區）公證（員）協會，再統一寄交海基會。

❹海基會辦理文書驗證後，再至移民署服務站申請大陸配偶來台團眾。大陸配偶入境後，至移民署設於機場、港口之服務站接受面談。

❺於戶籍所在地戶政事務所辦理結婚登記。

（二）兩岸政府對於繼承的規範
❶大陸地區人民繼承台灣遺產

①申辦除戶謄本

先在大陸地區當地公證處辦理身分證明、親屬關係及委託領取除戶謄本之公證書，再至於海基會辦理文書驗證後，於戶政事務所請領被繼承人之除戶謄本。

②文書驗證

於大陸地區當地公證處辦理為繼承用途之親屬關係公證書及委託代辦繼承公證書，再至海基會辦理文書驗證。

③繼承表示與領取遺產

於被繼承人生前最後戶籍地法院提出繼承之表示，並待法院發給准予備查之通知後，向遺產管理人（如國防部、退輔會、財政部國有財產局）及遺產保管機關（如郵局、銀行）領取遺產（含骨灰）、遺物。

❷台灣地區人民繼承大陸遺產

①須經台灣地方法院公證處或法院所屬民間公證人事務所公（認）證之文書，包括：被繼承人之死亡證明、被繼承人與子女之親屬關係證明、被繼承人與配偶之婚姻關係證明、被繼承人與其父母之親屬關係證明（或其父母之死亡證明），以及其他銀行或房產管理機關特別要求具備之台灣公、私文書。

②不須經地方法院公證處或民間公證人事務所公（認）證之文書，包括：大陸房產的房屋所有權證原件、大陸銀行存摺等、繼承人之身分證明（如身分證、護照、台胞證等）。

兩岸人民結婚及申辦大陸配偶來台流程

辦理單身公（認）證書

向公證人辦理單身公（認）證書，以及與結婚之對象無直系血親
和三代以內旁系血親關係之公（認）證書

登記結婚

向省、自治區、直轄市人民政府民政部門或指定機關辦理
男生須年滿22歲，女生須年滿20歲

辦理結婚公證書

大陸地區指定之公證處辦理結婚公證書
經公證處轉交省（市、自治區）公證（員）協會，再統一寄交海基會

申請來台團聚與接受面談

至移民署服務站申請大陸配偶來台團聚
至移民署設於機場、港口之服務站接受面談

辦理結婚登記

大陸地區人民繼承台灣遺產流程

申辦
除戶謄本

文書驗證

繼承表示
與領取遺產

UNIT **12-4**
兩岸宗教交流

自 1949 年以來，兩岸宗教團體受限於政治對立情勢，交流活動中斷逾半個世紀。以媽祖廟團體為例，在過去清朝統治時期，大甲鎮瀾宮每隔 20 年往湄州進香，直到 1895 年台灣割讓給日本後才停止。第二次大戰結束後，台灣雖脫離日本殖民統治，旋即又因兩岸分治情勢而持續影響宗教團體的文化交流。最終隨著兩岸政治敵視程度降低，才又重新開啟交流契機。

（一）台灣方面的有限度開放（1988-2000）

在 1987 年我國政府開放國人赴大陸探親後，兩岸民間交流日愈擴大。在此情勢之下，大甲鎮瀾宮於 1988 年組團由日本轉進大陸湄州媽祖廟進香，率先在政府政策開放前，開啟宗教交流的新里程。然而，兩岸政治情勢雖日愈趨緩，宗教團體交流仍只能在既有法令及政策規範下有限進行，對此，部分團體開始採取與政府機關衝撞的態度。如大甲鎮瀾宮及北港朝天宮都曾經籌劃到大陸湄州媽祖廟進香，其中北港朝天宮接受政府勸說而放棄，但大甲鎮瀾宮則由立委連署向陸委會提出「世紀 2000 兩岸媽祖首航計畫書」，不過當時民進黨政府在「國家安全」考量下加以拒絕。

（二）中國大陸方面提出交流原則（2000）

在我國政府反對宗教直航之際，大陸國台辦於 2000 年 6 月提出兩岸宗教交流原則，包括：
❶ 宗教直航不得停靠第三地。
❷ 宗教直航只得雙向交流。
❸ 宗教直航只能使用台灣、香港、澳門

及大陸船隻。

這些原則提出後，使宗教直航情勢逆轉而下，大甲鎮瀾宮對宗教直航由熱轉冷，表示願意接受我國政府的政策，也不違反大陸方面的政策，恢復台灣過去到大陸進香的原始方式，搭機經香港或澳門到大陸湄州進香。

（三）台灣方面開始擴大開放

❶ 小三通模式（2001）

2001 年開始，我國政府特許台灣宗教界人士比照「小三通」模式，採取「特殊直航」經金門到福建湄州進香。同年 1 月，載有 500 多名馬祖進香客的「台馬輪」由馬祖福澳港抵達福州馬尾港，完成兩岸分隔 52 年來首次「宗教直航」。

❷ 直航模式（2014）

2014 年 4 月，新竹市長和宮舉行「湄洲島祖廟」謁祖進香直航活動，原本期待能由新竹漁港採宗教直航模式出海，但交通部認為新竹漁港非國際商港，無法行駛「國際」路線，等於界定大陸與台灣屬國際關係。最後決定從新竹漁港乘漁船到台中梧棲，經由台中區漁會接駁後，再轉搭海峽號直航至福建平潭，順利前往湄洲媽祖祖廟進香祈福和宗教文化交流。顯見，政治因素仍深刻影響兩岸宗教直航未來發展。

歷年兩岸宗教交流核准數

年份	96	97	98	99	100	101	102	開放迄今
宗教活動	856	1,179	3,488	4,542	4,765	1,663	1,921	689,691

世紀2000兩岸媽祖首航計畫書遭拒原因

世紀2000兩岸媽祖首航計畫書遭拒原因

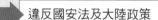 違反國安法及大陸政策

希望顏清標仔細思考「宗教直航」的可行性

如果鎮瀾宮及其信眾強行闖關，當局一定貫徹公權力

宗教直航沒有時間表，不可能一個月內提宗教直航方案

未決定前，各宗教團體勿過早籌劃宗教直航

大甲鎮瀾宮以神明旨意脅迫有關機構促成宗教直航

尊重信仰自由，但是信仰朝拜的通航問題，不在宗教而在航線

兩岸宗教直航只有在兩岸關係改善前提下才可行

希望媽祖廟團體體諒並支援有關機構

不要使媽祖成為統戰工具

資料來源：張家麟政教關係與兩岸宗教交流—以兩岸媽祖廟團體為焦點，
http://ir.lib.au.edu.tw/dspace/bitstream/987654321/1134/1/CH11-pa_chang_02-0001-u.pdf

UNIT **12-5**
兩岸文書驗證與公證制度

圖解兩岸關係

（一）兩岸文書驗證制度之建立

隨著兩岸交流往來日愈頻繁而密切，亦逐漸產生許多與民眾權益切身相關的問題。有鑑於此，我國海基會與大陸海協會透過多次磋商，終於在 1993 年 4 月於新加坡召開的「第一次辜汪會談」中，由海基會董事長辜振甫先生與海協會會長汪道涵先生簽署四項重大協議，包括「兩岸公證書使用查證」、「兩岸掛號函件查詢、補償事宜」、「兩會聯繫與會談制度」以及「共同協議」。其中，雙方代表於「兩岸公證書使用查證協議」中同意，由海基、海協兩會相互寄送公證明書副本，以供相關程序之核對。

自此，兩岸文書驗證不必再以「函查」方式辦理，而是以「比對」方式加以確認文件真偽，為民眾提供更便捷而迅速的服務。該協議簽訂後，長期以來困擾兩岸文書驗證的問題，終於獲得實質解決。依據海基會網站公布資料顯示，自協議生效實施以迄 2012 年底為止，海基會寄送我公證書副本至大陸地區之總數為 1,767,225 件，而完成文書驗證之總數則為 1,414,996 件。

（二）兩岸文書驗證之基本規範

根據《兩岸公證書使用查證協議》，主要針對下列三項議題：

❶聯繫主體

關於寄送及查證事宜，雙方分別以中國公證員協會或有關省、自治區、直轄市公證員協會與財團法人海峽交流基金會相互聯繫。

❷寄送公證書副本

包括涉及繼承、收養、婚姻、出生、死亡、委託、學歷、定居、扶養親屬、財產權利證明、稅務、病歷、經歷及專業證明等 14 種種類公證書副本。

❸公證書查證

應相互協助查證事項包括違反公證機關有關受理範圍規定、同一事項在不同公證機關公證、公證書內容與戶籍資料或其他檔案資料記載不符、公證書內容自相矛盾、公證書文字、印鑑模糊不清，或有塗改、擦拭等可疑痕跡、有其他不同證據資料、其他需要查明事項。

（三）兩岸文書驗證之法源問題

值得注意的是，《兩岸公證書使用查證協議》僅屬兩岸間之事務性協商，並未取得國內法源之承認；此外，協議亦未規範文書驗證之機制。有鑑於此，我國政府在《臺灣地區與大陸地區人民關係條例》第 7 條明文規定：大陸地區製作之文書，須經行政院設立或指定之機構或委託之民間團體進行驗證，以推定其為真正文件。我國政府委由海基會負責驗證之大陸地區文書，除非出現反證，否則仍須認定該文書具有形式證據力。同條例施行細則第 9 條第 1、2 項規定，依本條例第 7 條規定推定為真正之文書，其實質證據力由法院或有關主管機關認定；文書內容與待驗證事實有關，且屬可信者，有實質上證據力。

兩岸文書驗證制度之建立

**簽署
四大協議**

1993年4月
新加坡第一次
辜汪會談

兩岸公證書使用查證
由海基、海協兩會相互寄送公證明書副本，以供相關程序之核對。自此，兩岸文書驗證不必再以「函查」方式辦理，而是以「比對」方式加以確認文件真偽，為民眾提供更便捷而迅速的服務

兩岸掛號函件查詢、補償事宜

兩會聯繫與會談制度

共同協議

兩岸文書驗證之基本規範

**兩岸文書
驗證之
基本規範**

聯繫主體
關於寄送及查證事宜，雙方分別以中國公證員協會或有關省、自治區、直轄市公證員協會與財團法人海峽交流基金會相互聯繫

寄送公證書副本
包括涉及繼承、收養、婚姻、出生、死亡、委託、學歷、定居、扶養親屬、財產權利證明、稅務、病歷、經歷及專業證明等14種種類公證書副本

公證書查證
應相互協助查證事項包括違反公證機關有關受理範圍規定、同一事項在不同公證機關公證、公證書內容與戶籍資料或其他檔案資料記載不符、公證書內容自相矛盾、公證書文字、印鑑模糊不清，或有塗改、擦拭等可疑痕跡、有其他不同證據資料、其他需要查明事項

第 **13** 章

兩岸關係的文化面向

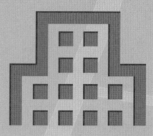

●●●●●●●●●●●●●●●●●●●●●●●●●●● 章節體系架構

UNIT 13-1 繁簡體文字政策差異

（一）簡體字的源起

❶簡體字本是楷書的簡化，首見於南北朝時代；隋唐時期簡體字數量逐漸增加，宋元以後因為印刷術發明而擴大了使用人口；民初時期，開始有更多社會人士提倡簡體字。

❷ 1922 年，錢玄同等在「國語統一籌備委員會」上提出《減省現行漢字的筆畫案》，主張把過去只在民間流行的簡體字應用於正規書面語。

❸ 1935 年，國民政府教育部採用錢玄同版《簡體字譜》草稿，公布「第一批簡體字表」；次年教育部奉行政院命令，訓令暫不推行簡體字。

（二）中國大陸簡體字政策沿革

❶政策討論

1951 年，中國文字改革協會擬出第一批簡體字表；1952 年，在政務院文化教育委員會下成立中國文字改革研究委員會，重點研究漢字簡化問題；1953 年，前述委員會擬訂《常用漢字簡化表草案》第一稿，但毛澤東認為：「700 個簡體字還不夠簡……要多利用草體，找出簡化規律，作出基本形體，有規律地進行簡化。漢字的數量也必須大大減縮，一個字可以代替好幾個字，只有從形體上和數量上同時精簡，才算得上簡化。」

❷通過決策

1955 年，中共召開全國文字改革會議；1956 年，國務院全體會議通過《關於公布〈漢字簡化方案〉的決議》（一簡），以「約定俗成，穩步前進」為最高指導原則；1964 年進一步編印《簡化字總表》。1977 年中共曾公布《第二次漢字簡化方案（草案）》（二簡），

但 1986 年國務院宣布廢止「二簡字」，重新發表《簡化字總表》。

❸繁簡通用

2013 年 6 月，中共國務院公布《通用規範漢字表》，含附表《規範字與繁體字、異體字對照表》，社會一般應用領域的漢字使用以《通用規範漢字表》為準。

（三）繁體與簡體文字之辯

戒嚴時期，兩岸在政治意識對抗下操控教育，我國對中國簡體字缺乏接觸機會。如今兩岸交流頻繁，簡化字與正體字互相滲透，而在中國崛起下，全球更興起一股學習中國文化的熱潮。2011 年，我國開放陸客自由行之際，政府下令將政府網站的簡體字移除，並呼籲民間不需要為陸客特別提供簡體字的菜單或說明。

台灣政府當局強調，為維護中華文化領航者角色，所有官方文件、網站都應以正體字版本為主，並呼籲商家不要刻意使用簡體字。然而，兩種文字都是中華文化載體，在目前無法強求統一的情況下，如何尋求共存、平衡、互動與互補，勢將促成兩岸文化互動的新一波競合。

簡體字的政策沿革

1952年2月5日

成立「中國文字改革研究委員會」，從事簡化漢字

1956年2月1日

頒布《漢字簡方案》決議，共簡化515個漢字和54個偏旁

1977年12月20日

頒布《第二次漢字簡方案》除了公布簡體字848個外，
並精簡漢字的數量，將同音字併為一用

1986年6月

廢除「二簡字」，並於同年10月重新發表
《簡化字總表》，共收錄了2,235個簡化字

2009年8月

頒發《通用規範漢字表草案》，共收錄了8,300個中國字

2013年6月

公布《通用規範漢字表》，共收錄了8,105個字

知識補充站 ★恢復使用繁體字的理由

2008年3月，潘慶林和文化政協委員宋祖英等21位全國政協委員，提案「建議全國
十年時間，分批廢除簡體漢字，恢復使用繁體字」，理由如下：

❶五十年代簡體漢字時，做得太粗糙了，違背漢字的科學性與藝術性。

❷以前認為繁體字難寫難認，比不過西方拼音文字的書寫速度，電腦普遍後，再
　繁瑣的字打起來都是一樣速度。

❸台灣仍在用繁體字，大陸也用繁體字有利於兩岸統一。

資料來源：http://news.sina.com.cn/c/2009-03-04/022515250715s.shtml

UNIT 13-2
兩岸文化交流

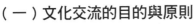

近年來，隨著互動日益開放，兩岸文教交流亦趨於熱絡頻繁。不僅交流人數激增、項目更為多元與深入，政府相關單位人員互訪層級亦逐漸提高。根據內政部入出國及移民署統計，光 2014 年 1-3 月來台從事文教交流核准件總計為 4,739 件，入境數達 10,375 人。事實上，兩岸文化交流仍不免受到主權爭議影響，甚至在政治角力下屢有波折起伏，因此在雙方各有立場下，容易缺乏共識以致部分交流活動難以推動。

（一）文化交流的目的與原則

❶大陸方面

大陸官方、學術機構以及各省市近年來在推動文化交流上相當積極。大陸對台文教交流策略始終遵循「一個中國」的指導原則，亦即以民族血緣和民族情感為核心，並希望在交流過程中能建立對中華文化的認同和向心力，加速兩岸關係的密切融合，進而達成「和平統一」的最終目標。例如將兵馬俑等重大歷史文物在台展出，其主要目的就是擴大台灣民眾對中華文化的認同，間接有助於達到反對「文化台獨」的目的，為統一排除民間文化與意識形態的障礙。

❷台灣方面

我國朝野各界普遍同意，兩岸文化交流有助於善用台灣文化資源，將台灣經驗透過文化軟實力輸出大陸。台聯黨主席黃昆輝都曾經表示「基於在兩岸價值觀、生活方式、政治制度都截然不同之際，惟有中華文化是彼此的共同基礎，這是最不具政治性的議題」。由此亦顯示，台灣在兩岸開放政策中對文化交流的重視，並列為鼓勵推動的項目。

（二）文化交流的項目與類別

❶大陸方面

中共官方對於古文物、傳統藝術、媽祖信仰等能突顯文化宗主或根源項目推動較為積極；但對出版、大眾傳播或在國內辦理大型宗教活動等可能產生文化滲透的活動，則顯得較為保守而予以嚴格控制。

❷台灣方面

台灣對於文化交流項目相對開放，但鼓勵能產生「促變」的文教交流項目，如資訊流通、推動大陸各地媒體從業人員來訪、出版品展覽、部分領域學者專家前往大陸講學等。

（三）兩岸文化交流之展望

在兩岸文教交流中，政治影子處處可見，無論審查制度、交流項目、彼此稱呼、用語、行程安排等都難脫「統戰」與「反統戰」的政治考量。兩岸雖長期推動「兩岸文化論壇」，但雙方政治角力仍可從簽署「兩岸文化協議」的爭議中看出端倪。例如我國的國安會在跨部會討論中即指出，對岸對文化協議設定的目標是「文化統合」，意即藉由「中華文化」的認同與融合，產生兩岸一家的心理效應，背後的政治衝擊力極大，必須謹慎評估。

兩岸的文化交流

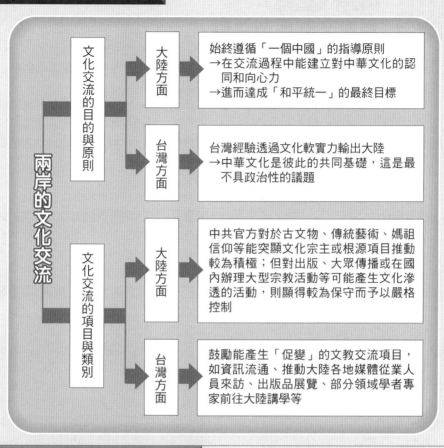

兩岸的文化交流	**文化交流的目的與原則** 大陸方面	始終遵循「一個中國」的指導原則 →在交流過程中能建立對中華文化的認同和向心力 →進而達成「和平統一」的最終目標
	台灣方面	台灣經驗透過文化軟實力輸出大陸 →中華文化是彼此的共同基礎，這是最不具政治性的議題
	文化交流的項目與類別 大陸方面	中共官方對於古文物、傳統藝術、媽祖信仰等能突顯文化宗主或根源項目推動較為積極；但對出版、大眾傳播或在國內辦理大型宗教活動等可能產生文化滲透的活動，則顯得較為保守而予以嚴格控制
	台灣方面	鼓勵能產生「促變」的文教交流項目，如資訊流通、推動大陸各地媒體從業人員來訪、出版品展覽、部分領域學者專家前往大陸講學等

兩岸文化交流之展望

文化統合
（有政治考量）

互相傳遞文化

UNIT 13-3
兩岸文創產業互動

　　由於全世界創意經濟競爭愈來愈激烈，加上兩岸文化、語言同源，若能共同發展文化創意產業，將有助於提升與他國文創產業相互競爭的能力。以下針對兩岸文創產業政策、合作情況與挑戰等進行說明：

（一）兩岸文創產業政策比較

❶大陸方面

　　2006年公布《十一五時期文化發展規劃綱要》，強調加強重點文化產業帶建設以及加快文化創意產業園區建設。2009年推出「文化產業振興規劃」，強調發展文化科技、音樂製作、藝術創作、動漫遊戲等企業。2010年制定「全國文化系統人才發展規劃」（2010-2020），為中共第一部人才發展規劃，2011年「十二五計畫」更將文化產業列為「國家戰略性支柱產業」。

❷台灣方面

　　2004年文建會將台北、台中、嘉義、花蓮等酒廠舊址及台南倉庫群規劃為「創意文化園區」，作為文化創意產業發展據點。2009年提出「文化創意產業發展方案行動計畫98-102年」。2014年文化部進而提出「泥土化」、「產值化」、「國際化」及「雲端化」等四大施政理念方針。

（二）兩岸文創產業合作情況

❶兩岸協商

　　2010年雙方簽署《兩岸智慧財產權保護合作協議》，對文創產業的創意權益發揮初步的保護效果

❷民間合作

　　2011年，中華兩岸文化創意產業發展協會與中華文化促進會共同簽署「推動兩岸文化創意產業發展備忘錄」。

❸人才培訓

　　例如2009年，兩岸6所大學共同成立「第六屆海峽兩岸文化創意產業高校研究聯盟」，陸續有超過100所大學參與。

❹交流平台

　　台灣方面有「台灣國際文化創意產業博覽會」，大陸方面則有「北京文化創意產業論壇峰會」、「南京文化產業交易會」等。

（三）兩岸文創合作之挑戰與前景

❶挑戰方面

　　包括兩岸法令體系差異大，各種政策件難以掌握；大陸相關行政審批之審批標準不明確及審批流程不透明；大陸存在管制強度不同的市場准入及產品准入管制規範；大陸盜版問題複雜度高，需要多個部門合作；台商缺乏預警機制規避記錄不良之當地合作廠；大陸市場腹地廣大又快速變化，台商難以即時掌握市場資訊。

❷合作建議

　　包括籌設對等互利的兩岸化產業合作發展工作小組、加強兩岸文化界高層管理者以民間身分互訪並形成機制、推動簽署兩岸文化創意產業合作協定、建立相關合作平台、加強知識產權及個人隱私的保障、秉持對等開放原則以建立雙向合作商轉模式、加強雙向技術合作及人才交流等。

台灣文化創意產業SWOT分析

優勢（Strength）	弱勢（Weakness）
❶社會開放多元，對外來文化接受度高 ❷保有傳統中華文化精神，品味生活意識日增 ❸國民具創造潛力，創業歷練強且意願高 ❹產業基礎成熟，與國際接軌時間長 ❺創意設計屢獲國際大獎 ❻內容創意、流行製作與包裝能力強 ❼產品設計、製造整合與全球運籌能力強，MIT產品形象獲世界肯定 ❽資訊基礎建設完善、國民數位應用能力強，資訊產業獨步全球，利於科技與文創整合發展	❶國內市場規模小，不足以支撐產業發展 ❷廠商規模小，研發與行銷投入不足 ❸經營型態多為追求文化價值的事業體，商品化與企業化經營不足 ❹文創產業計價評比依據不足，投融資不易 ❺產業斷鏈，缺乏經紀與中介體系 ❻人才質量不足，教育與產業之間的產學合作尚待加強 ❼代工產業型態與思維，不利文創品牌發展與商業模式創新
機會（Opportunity）	**威脅（Threat）**
❶政策支持，文化立國成為我國施政重點 ❷各產業加強布局文化創意產業 ❸中國大陸市場成為臺灣發展腹地 ❹全球興起華語文與漢文化學習熱潮 ❺微電影等數位文創興起 ❻ Open Data 興起，開放創新模式為文創產業帶來新契機	❶中國大陸磁吸現象，造成人才流失 ❷亞太地區盜版、侵權與抄襲等問題嚴重 ❸世界各國將文創列為國家戰略，競爭激烈

資料來源：文化部，2013年5月，〈「價值產值化——文創產業價值鏈建構與創新」（2013～2016年）計畫〉

整合跨部會資源推動文創業

五面向	跨部會協調	協助文創業發展內容
資金	財政部 金管會 國發基金 經濟部	・投資、獎勵、補助 ・融資、募資、集資 ・租稅優惠 ・無形資產鑑價
市場	陸委會 交通部 經濟部 外交部	・大陸市場進入障礙排除 ・觀光行銷結合 ・文化海外行銷
環境	主計總會 NCC 通傳會	・列入文創業統計／行業別統計 ・提高置入性行銷開放幅度 ・保障國產節目於主流頻道黃金時段播映比例
智財	經濟部	・文創著作權保護 ・數位匯流的授權策略
人才	教育部 勞委會	・影視音產業後製人才培訓 ・創建流行音樂學程／學系／學院 ・結合技職教育再造

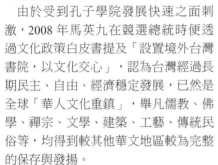

UNIT 13-4
台灣書院與孔子學院

（一）台灣書院

❶成立原因

由於受到孔子學院發展快速之面刺激，2008年馬英九在競選總統時便透過文化政策白皮書提及「設置境外台灣書院，以文化交心」，認為台灣經過長期民主、自由、經濟穩定發展，已然是全球「華人文化重鎮」，舉凡儒教、佛學、禪宗、文學、建築、工藝、傳統民俗等，均得到較其他華文地區較為完整的保存與發揚。

❷成立目的

為了向世界推廣「具台灣特色的中華文化」，我國有系統地與歐美國家合作設置台灣書院，以推動「台灣學」，希望藉此拓展文化市場，並進而改變自身國際形象，作為台灣走向國際的重要媒介。

❸設置情況

2011年10月，台灣書院同時在美國紐約、洛杉磯及休士頓等三地掛牌營運，相較中共設立首間「孔子學院」晚了7年。

❹工作內容

相較於孔子學院著重漢語教學和推廣，台灣書院則由台灣既有特色與優勢出發，運用台灣先進的資訊及數位科技，整合「華語文教學及正體字推廣」、「台灣研究及漢學研究」、「台灣多元文化」等三大面向，建構一個代表華人文化特色的資訊整合平台。具體工作包括：設置「台灣書院」數位資訊整合平台，以服務全球網路使用者、華語文教學及正體字推廣、活絡台灣研究及漢學研究並擴散其成果、辦理「台灣書院」獎助學金、向世界介紹多元精緻的台灣文化以及設立「台灣書院」據點及聯絡點。

（二）孔子學院

❶成立原因

伴隨著經濟快速崛起，全世界形成一股「中國熱」，1987年中國大陸成立「國家對外漢語教學領導小組辦公室」（簡稱「國家漢辦」），仿效其他強國推廣本國文化與民族語言的經驗，如西班牙的「塞萬提斯學院」及德國的「歌德學院」等，藉此彰顯學院的價值與地位。

❷成立目的

除了為讓更多人認識中國外，更重要的是為了改善中國的對外形象，故以最具代表性的思想家孔子作為學院名稱，藉此塑造中國溫和的形象。

❸設置情況

自2004年11月21日第一所孔子學院於韓國首爾掛牌以來，截至2017年底，中國已設立到525所孔子學院以及1,113個孔子課堂，分布在146個國家（地區）其中，亞洲118所，非洲54所，歐洲173所，美洲161所，大洋洲19所。

❹工作內容

孔子學院的總部設在北京，以境外學院為分支機構，採用中外合作模式來運作，硬體設備由當地國負責，而軟體、師資、教材的供應與支援則由中國提供。工作內容主要包含：漢語教學、培訓漢語教師、提供漢語教學資源、漢語考試和漢語教師資格認證業務以及提供中國教育、文化、經濟及社會等資訊諮詢。

孔子學院全球分布圖

孔子學院組織架構圖

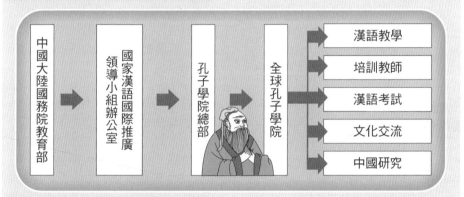

台灣書院組織架構圖

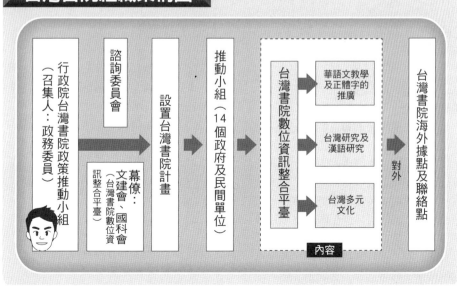

UNIT 13-5
兩岸文化軟實力評估

圖解兩岸關係

誠如 Joshua Kurlantzick 所撰寫的《魅力攻勢：中國的軟實力如何改變這個世界》書中所言，大陸已開始憑藉其軟實力而在全球發揮影響力，並投入大量資金及配合各種優惠政策，使其文化影響力逐漸超越台灣。以下便由 3 個面向來比較兩岸的文化實力。

（一）中華文化論述權

❶大陸的優勢

相較於大陸於 146 個國家（地區）設立共 1,638 所孔子學院或孔子課堂，台灣迄今只有 3 處台灣書院，在中華文化論述權陷入劣勢。但孔子學院的快速發展也受到「文化入侵」或「文化洗腦」等質疑。

❷台灣的優勢

表面看似台灣目前仍無法與中國大陸匹敵，但仍具一定的優勢，首先我國屬於小國，不會引起其他國家的威脅感；其次，中華文化在台灣傳承茁壯，不僅具有自由與民主的獨特性，且更具活潑創意；最後，台灣書院發展雖然比大陸稍晚，但藉由模仿或許可達事半功倍的成效。

（二）一般流行文化

❶華語歌壇

相較於大陸嚴格的審批制度，由於台灣較為自由民主，音樂創作上不會受到限制而能更多元與豐富。因此，台灣的流行音樂在整個大中華區仍居於領先位置，大陸對台灣流行音樂仍維持尊敬或仰賴態度，特別可以從相關的歌唱比賽節目看出，例如：我是歌手，因為不僅參賽選手絕大部分來自於台灣，甚至演唱歌曲亦由台灣創作。至於張惠妹、周杰倫、五月天、王力宏、蔡依林等被視為台灣樂壇標竿，早在 2000 年或之前就已出道，甚至是靠 1980 年代的流行歌曲才得以繼續發揮影響力。這幾年並沒有看到新的引領性台灣歌手出現，是否能繼續保持優勢則令人擔憂。

❷影視事業

在古裝劇方面，1998 年，大陸知名演員張國立來台演出時，看到台灣劇組的專業分工和工作效率時，非常驚訝並感嘆大陸不如台灣；曾幾何時，大陸古裝劇已反攻台灣，精緻程度不可同日而語，「後宮甄嬛傳」在台灣引起一陣旋風便是例證。不過，在偶像劇方面，根據「優酷網」或者「土豆網」等新興網路平台，可明顯看出台灣的偶像劇仍在中國市場占有一席之地；加上台灣起步早、內容創意多元，曾是中國模仿的對象。然而，由於近年韓流席捲全世界，中國轉向南韓學習；加上大量投入資金，所以製作偶像劇能力提升不少，很快就會扭轉這個劣勢。

（三）音樂劇

由於台灣的技術與創意仍優於中國，所以許多劇團都喜歡聘用台灣人員。然而，隨著中國大陸大量地將演員或技術人員送至國外培訓，加上本身的學習能力強，不出幾年就可能追上甚至是超越台灣。

台灣書院與孔子學院的比較

	優勢（Strength）	弱勢（Weakness）
中國	於 146 個國家（地區）設立共 1,638 所孔子學院或孔子課堂	受到「文化入侵」或「文化洗腦」等質疑
台灣	❶會引起其他國家的威脅感 ❷不僅具有自由與民主的獨特性，且更具活潑創意 ❸雖然起步較晚，但藉由模仿或許可達事半功倍的成效	只有 3 處台灣書院

硬實力與大陸軟實力比較

行為類型	硬性		軟性	
	威嚇 勸誘		議題設定 好感	
	指揮 ←——————————————→ 同化			
可能資源	武力制裁、收買賄賂		制度、價值、文化、政策	

資料來源：Joseph S. Nye, Jr., Soft Power: The Means to Success in World Politics (New York: Public Affairs, 2004), p. 8.

台灣與大陸文化軟實力比較

	中國	台灣
華語歌壇	❶嚴格的審批制度 ❷對台灣流行音樂仍維持尊敬或仰賴態度	❶較為自由民主，音樂創作上不會受到限制而能更多元與豐富 ❷台灣的流行音樂在整個大中華區仍居於領先位置
影視事業	❶ 1998 年，大陸知名演員張國立來台演出時，看到台灣劇組的專業分工和工作效率時，非常驚訝並感嘆大陸不如台灣 ❷中國製作偶像劇能力提升不少，很快就會扭轉這個劣勢	❶如今，大陸古裝劇已反攻台灣，精緻程度不可同日而語，「後宮甄嬛傳」在台灣引起一陣旋風便是例證 ❷台灣的偶像劇仍在中國市場占有一席之地；加上台灣起步早、內容創意多元，曾是中國模仿的對象
音樂劇	近來，隨著中國大量地將演員或技術人員送至國外培訓，加上本身的學習能力強，不出幾年就可能追上甚至是超越台灣	台灣的技術與創意仍優於中國，所以許多劇團都喜歡聘用台灣人員

UNIT 13-6
兩岸文化協議的倡議

（一）兩岸文化協議的緣起

2008 年，前中共總書記胡錦濤在「胡六點」中提出「弘揚中華文化，加強精神紐帶」後，兩岸文化協議由而成為大陸對台工作的重點項目。

❶ 2010 年 9 月，中共文化部部長蔡武來台出席在「兩岸文化論壇」時表示，期盼兩岸文化交流的領域與層次能再進一步擴大、提高。

❷ 2010 年 12 月，中共海協會會長陳雲林在第六次江陳會上，首度公開倡議兩岸協商文化教育議題。

❸ 2011 年 1 月，中共國台辦主任王毅在廣西桂林的兩岸關係研討會上，發表題為「文化的境界與兩岸的追求」的講話。

❹ 2012 年 5 月，中共國台辦發言人楊毅在新聞發布會上，以及同年 9 月國台辦副主任孫亞夫在「兩岸漢字藝術節」開幕式上，都提議兩岸應盡快簽署文化交流協議或文化教育交流協議。

（二）兩岸文化協議的內容

從中共官方談話可知，文化協議內容大致包括：交流機制化、交流深化、拓展交流領域，以及文化產業合作。

❶蔡武訪台時曾對文化交流提出 4 點意見

①凝聚共識，推動兩岸文化交流制度化。

②深化交流，共同推動中華文化的傳承與發展。

③搭建交流平台，不斷拓展交流領域。

④加強產業合作，增強兩岸文化產業的國際競爭力。

❷國台辦副主任孫亞夫也曾對文化交流提 4 點意見

①將繼續營造有利於兩岸文化交流合作的政策環境。

②將繼續推動兩岸文化交流合作走向深入。

③將繼續打造兩岸文化交流合作的精品。

④將繼續推動兩岸文化交流合作的機制化建設。

（三）兩岸文化協議的爭議

台灣方面雖長期倡議兩岸文化交流，但不認為有簽署文化協議的必要性。陸委會前副主委劉德勳曾表示：「目前兩岸當務之急，是解決文化產業與交流衍生的問題，文化協議暫不考慮」，並重申：「兩岸的文化交流活動其實非常綿密，而且深度、廣度都看得到，但目前所出現的問題，基本上都可在兩岸智財權保護協議、ECFA 下的服務貿易、市場准入來處理，當前要做的是強化前述機制，而不是簽署協議」。現任海基會董事長林中森則表示：「只要國家需要、國會監督、民意支持，我方不排除簽署兩岸文化協議」。

綜上所述，兩岸不論在文化協議可能的內容，以及簽署協議所欲達成的目的，都有相當大的差距。除非此種差距可以縮小，否則在短期內簽署文化協議的可行性仍低。

文化協議內容

兩岸文化協議的緣起

2008年	胡錦濤在「胡六點」中提出「弘揚中華文化，加強精神紐帶」後，兩岸文化協議成為大陸對台工作的重點項目
2010年9月	文化部部長蔡武在「兩岸文化論壇」時表示，期盼兩岸文化交流的領域與層次能再進一步擴大、提高
2010年12月	陳雲林在第六次江陳會上，首度公開倡議兩岸協商文化教育議題
2011年1月	王毅在廣西桂林的兩岸關係研討會上，發表題為「文化的境界與兩岸的追求」的講話
2012年5月	楊毅於例行新聞發布會中，提及兩岸應考慮適時商簽文化交流合作協議
2012年9月	孫亞夫在「兩岸漢字藝術節」開幕式中，提及鼓勵兩岸人士研究商簽兩岸文化交流協定或文化領域的相關協定
2013年5月	楊毅在新聞發布會上，提及支援兩岸就文化交流合作商簽相關協定
2014年2月	葉克冬出席「兩岸出版交流座談會」中提及一起努力研議簽訂兩岸文化協議

第**14**章

兩岸關係的教育面向

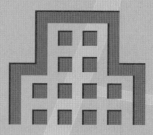

章節體系架構

UNIT **14-1** 大陸台商學校發展概況

圖解兩岸關係

（一）台商學校發展概況

台商子女學校意指：經許可在大陸地區從事投資或技術合作之台灣地區人民、法人、團體或其他機構，向教育部申請備案後，於大陸地區設立專以教育台灣地區人民為對象之高級中等以下學校。

❶東莞台商子弟學校

創立於 2000 年，由東莞市台商投資企業協會集資共同創立的一所公益性質私立學校。創辦宗旨及理念為「培育優質子弟、增進家庭和諧、推動公益活動、加強文化交流」與「全人教育、溫馨校園、終身學習」。

❷華東台商子女學校

2011 年創立於江蘇州昆山地區，該地區為蘇州台商投資密度最高區域，設立願景為「健康成長、快樂學習、思辨自省、傳統創新、優質卓越」。

❸上海台商子女學校

創立於 2005 年。最初命名為「上海台胞子女學校」，後來應教育部的建議而改為上海「台商」子女學校，學校願景為「活潑生創意，快樂得智慧，健康能實踐理想，讓每位學生都對自己充滿信心與希望」。

（二）發展過程之主要問題

❶學生家庭背景多元

包括台商家庭子女、早期赴大陸經商家庭在當地出生的學生、父母親一方是大陸籍的婚生子女及少部分具有外國護照的台僑。

❷教科書須經中國審查刪修

依據中共法規，經批准設立的台灣同胞子女學校應接受教育行政部門監督，教材必須受到相關部門審查，加上教科書往往於開學不久前才會定版，可能會造成開學了學生還拿不到書的窘境。

❸其他學校競爭

當地國際學校、重點學校及民辦學校，對台商學校的招生構成嚴重挑戰，造成學生來源的不確定性。

❹教師流動率高

除必須適應大陸環境及文化之外，家長期待高與學生來自不同環境背景，以及老師的工作時數長且負擔重等，都嚴重影響教師任教意願。加上，借調教師依規定 2 年就必須返回原職，也造成師資不穩定。

❺學校財務窘困

受限於兩岸特殊關係，台商學校無法比照國內學校獲得相同經費補助；同時課程內容審查增加不少成本，加上法令規定學校必須聘請台籍校長，及聘用台籍教師來教授本科目。加上，隨著大陸薪資的調升，學校為了鞏固大陸教師人事穩定，只能不斷地提高人事費用，造成學校財務的極大壓力。

❻學費壓力大、學生流動率高

由於學生隨著父母工作而移動，所以流動率遠較國內學生高。加上，學校成本增加連帶使得學費的調漲，家長負擔變得愈來愈沉重。加上，台商並非個個都賺錢，可能因負擔不起學費而被迫改讀當地學校，造成學生流動率高。

大陸台商子弟（女）學校辦學規範

大陸台商子弟（女）學校辦學規範

台灣
依據92年10月29日修正公布之《臺灣地區與大陸地區人民關係條例》第22條之1規定。92年12月31日，教育部依據上述條例於發布《大陸地區臺商學校設立及輔導辦法》，規範台商學校申請相關規定

中國
依據1999年12月5日中華人民共和國國務院令第274號發布之《中華人民共和國臺灣同胞投資保護法實施細則》第17條第2項之規定：「臺灣同胞投資者或者臺灣同胞投資企業協會在臺灣同胞投資集中的地區，可以按照國家有關規定申請設立臺灣同胞子女學校。經批准設立的臺灣同胞子女學校應當接受教育行政部門的監督」

大陸台商子弟（女）學校發展問題

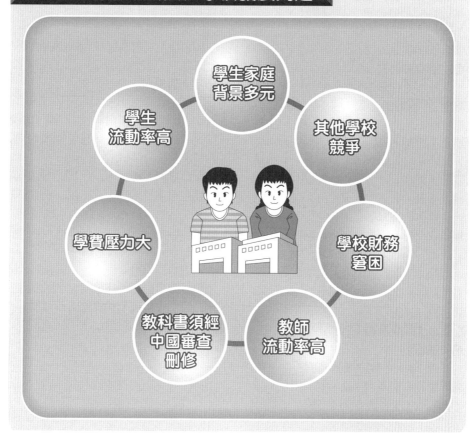

學生家庭背景多元

其他學校競爭

學生流動率高

學費壓力大

學校財務窘困

教科書須經中國審查刪修

教師流動率高

UNIT **14-2**
陸生來台政策之發展與爭議

（一）政策制定過程

❶國民黨立場

2008 年馬英九上任後，同年 7 月行政院宣布為配合推動兩岸經貿開放，將自 2009 年起推動大陸學歷認證。同年 12 月，行政院院會通過《兩岸人民關係條例》、《大學法》及《專科學校法》相關修正草案，對開放陸生來台及採認大陸學歷正式進入立法程序。

❷民進黨態度

陸生三法修訂期間，民進黨堅持將「三限六不」納入《大學法》與《專科學校法》中，但教育部不贊同而認為政策應保持彈性，經多次協商，2010 年朝野終於取得共識，同意將「一限二不」入法；同時並另附帶決議規範陸生來台不得打工。

❸主要政策內容

依據陸生三法，教育部於 2011 年 1 月訂頒《大陸地區人民來臺就讀專科以上學校辦法》及修正《大陸地區學歷採認辦法》，並輔導組成「大學校院招收大陸地區學生聯合招生委員會」來辦相關招生業務，同年 9 月首批陸生來台就讀。接著，教育部又於 2013 年進一步公告修正前揭二項辦法，並於當年度試辦招收大陸專科畢業生來台就讀二年制學士班（二技）。總計 2011-2014 年間已有超過 8 萬名陸生來台就學或交換研修。

（二）相關政策之正反觀點

❶正面觀點

根據 2009 年教育部發表的「開放大陸學歷採認與陸生來臺就學說明」，指出開放陸生來台將會是「三贏」策略。

①增進國家社會利益

透過文教交流，不僅能促進彼此互信瞭解，有助於兩岸和平發展，更能藉此展現對於兩岸教育發展的主導性。

②提升高等教育發展

與各國共同爭取陸生前來就學，不僅能宣揚台灣高等教育的成就，更是提升國際競爭力的好機會；同時也促進國內大學招生來源多元化，增加學術及教學環境多樣性。

③幫助青年學子學習

透過與陸生的學習互動，不僅可以激勵國內學生學習動機，更讓兩岸學子體認台灣民主開放價值，展現教育的柔性國力。

④穩定高等教育經營

開放陸生可暫時緩解大專院校招生不足問題。

❷反面觀點

①影響國家安全

來台的陸生都是經過挑選的特定職業學生，負有特定任務，進入校園後恐成為國家安全的漏洞。

②影響國人就業

陸生可能持假學歷而出現「假留學，真打工」的情形，進而影響本地學生的就業情形。

③磁吸效應與資源排擠

開放大陸學歷認可後，可能會造成國內學子大舉前往大陸就讀，且開放陸生來台恐怕會排擠及稀釋國內教育資源，進而影響本國學生權益。

一限二不入法

限制承認醫事學歷，陸生不得報考國安機密相關系所、無中華民國國籍不得參加國家考試

一限二不入法

《臺灣地區與大陸地區人民關係條例》第22條：

放寬大陸學歷採認的對象範圍，明定醫事學歷不予採認
為促進兩岸文教之良性交流，此次修正案放寬大陸學歷得予採認的範圍。然而，由於國內醫事人員養成涉及教、考、用三階段，在此三階段中，除了公職及專技人員考試涉及國家運作外，各類醫事人員養成皆涉及實習場所醫院容額之限制。因此，為保障本國生受教權益及國民健康安全等因素，修正案中明定屬醫療法所稱醫療人員相關高等學校學歷不予採認

無中華民國國籍者不得參加國家考試
明白規範未在台設有戶籍的大陸地區人民不得參加公務人員考試、專門職業及技術人員考試

《大學法》第25條及《專科學校法》第26條

明定招收陸生來臺就學的法源依據
明定「大陸學歷採認」的適用對象、採認原則、認定程序及其他應遵行事項之辦法，及「陸生來台就學」的適用對象、申請程序、許可條件、停留期間及其他應遵行事項等相關辦法之法源依據，並授權由教育部擬定報請行政院核定，以使大陸學歷採認及招收陸生來台就學政策有完整配套規範

陸生不得修讀國安機密相關系所或學位
為兼顧國家安全與大學招生需求，教育部將會商各相關機關認定並公告涉及國家安全、機密的院、系、所及學位學程，並限制大陸地區學生修讀

三限六不

三限

限校 → 僅採認大陸優良高等學校學歷

限量 → 總額限量，上限應為國內當年招生總額的百分之一，目前考量採百分之零點五，同時每校會設上限，不讓陸生集中在少數學校

限域 → 限制領域，中西醫、醫檢、藥學等暫不考慮採認，涉及國安及高科技等領域也會限制

六不

不涉及加分，陸生來台是申請制，不涉及考試

不會影響本地學生招生名額，陸生採外加名額

不會編預算提供獎助學金給陸生

不允許校外打工，但陸生可在校內打工或當研究助理

不會有考證照問題，已與考選部達成共識，中華民國國民才可考照

不會有就業問題，要考選公務員須具備我國國民身分

UNIT 14-3
台灣高教人才西進問題

（一）人才西進之背景分析

❶人才過剩與流失現象

近年來，由於報章媒體紛紛報導優秀大學教師及高科技人才被高薪挖角等相關新聞，人才流失危機頓成重要議題。台灣人才出走，不再只是製造業與熟知的服務產業，連必須培育多年的高等人才也陸續前往大陸發展。更嚴重的是「年輕老師與人才不進來與不回來」之現象及其挑戰。

❷大陸力推社會融合政策

2016年3月，習近平在12屆全國人大第四次會議中首先提出「兩岸經社融合發展」理念，政協主席俞正聲也在2017年6月「海峽論壇」中強調，兩岸要「擴大民間交流、深化融合發展」；據此，2017年10月福建省教育廳公布《關於進一步深化閩台教育交流與合作的若干意見》指出，至2020年福建省將引進1,000名台灣優秀教師至當地大專院校就職，同時鼓勵閩台高校聯合辦學，並試辦職業院校或部分院系委託台灣優質高校管理。

（二）人才出走原因

❶薪資水準偏低

相較台灣大學數量從84所爆增至164所（2014年底減至156所），高等教育經費（包括獎勵大學教學卓越計畫及5年500億發展國際一流大學與頂尖研究中心計畫）卻只成長三成左右，不僅造成教育經費嚴重稀釋，也使薪資結構無法獲得改善。由此，台灣的低薪資結構與中國大陸的高薪挖角政策成為明顯對比。

❷少子化問題

近年來由於台灣出生率急速下降，少子化問題日益嚴重，使原先急速倍增的大專院校面臨招生窘境，又因廣設大學造成博士人才供過於求（現職大專教授與在學博士生人數約略相當），帶來學校遇缺不補的普遍情況，特別是私立大學只願聘任兼任教師，國內培養的年輕博士成為「流浪

教授」，只好紛紛把目光轉向中國大陸。

❸升等聘任制度畸形

由於老師的升等以及分配研究經費的審查標準過度重視研究成果發表，造成為了升等而將研究擺在首位，教學反而成為副業。許多私立大學老師甚至需要負責「招生」業務，因為升等也需要考量其「服務」績效。

❹中國大陸學術環境進步迅速

由於其經濟崛起使得「中國研究」成為當代顯學，對於同文同種的台灣老師也就成為一股不可抗拒的吸引力。且中國正在進行基礎建設，造成社會參與機會多而能使研究內容多元化。除此之外，中國大陸挾其經濟能量追求國際化，也使其學術競爭力一日千里。

（三）台灣因應對策之思考

以下幾個方面，或許是在面對前述挑戰時，可思考之方向：

❶提高教師實質薪資

讓老師們可以專心教書及做研究。

❷建立多元升等指標

改變「唯I是問」造成的畸形問題。

❸鬆綁法令以提升教育國際化

藉此吸引人才投入台灣高等教育。

❹提供具延續性之政策

減少政府官員更迭。

❺制定適當的大專院校退場機制

藉此解決教育資源稀釋問題。

台灣人才出走原因

台灣因應人才出走之對策

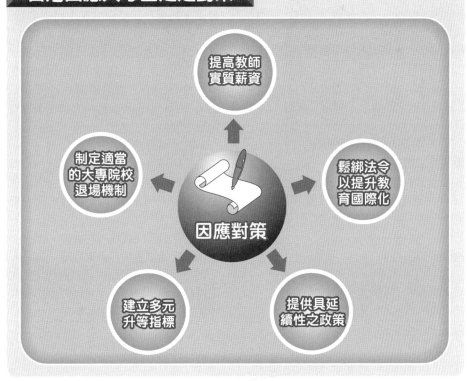

UNIT 14-4
兩岸學術交流概況與前景

在全球化影響下，高等教育已進入高度競爭時代，如何讓學生在激烈競爭中取得優勢，既成為政府優先課題，如何透過兩岸學術交流以改善兩岸關係，並藉此擴展學生的國際視野，也是目前值得關注的焦點。

（一）推動學術交流的動機

❶學生角度

首先是提供多元的升學與進修管道，其次是透過同班就讀使學生產生自發性學習動機，第三則是藉彼此交流以增進並擴展國際視野。

❷學校角度

首先是改善在少子化壓力下之招生不足問題，特別是私立學校面臨之倒閉危機，至於中國大陸因大學不足、供需嚴重失衡，每年數百萬無法擠入大學窄門的學生也需要安排；其次，兩岸學校可藉此建立合作機制，辦理雙聯學制，藉此彌補資源的不足且有助於促進學校資源相互連結，最後則透過合作可形成良性競爭，有助於提升大學教育品質。

（二）兩岸學術交流模式

❶簽署學術交流協議

截至 2013 年，兩岸各級學校已簽署 7,601 件校際交流合作協議，範圍包含：定期互訪、合作研究、學生交換等廣泛範疇。

❷學者專家互動

自 1987 年開啟兩岸民間交流至今，兩岸學者專家互訪不僅數量逐年增加，且交流形式亦趨多元與精緻。

❸兩岸學生交流

形式相當多元，包括互訪、研究、研習營、校園論壇、研修學分以及就讀學位等；例如 2012 年審核同意來台研修之陸生共 1.5 萬人，2014 年更達 3.3 萬人，占台灣境外研修生 36%。

（三）簽署兩岸教育交流協定之倡議

❶兩岸交流仍受到限制

自從 1987 年台灣解除戒嚴並開放大陸探親後，同年中共頒布《關於對台灣進行教育交流的若干規定》，兩岸教育文化交流露出曙光。近年來，由於我國推動採認大陸學歷、陸生來台及雙方締結聯盟或書面約定之合作政策，兩岸交流已有正面發展，但在三限六不的政策條件下，開放程度仍稍嫌不足。為創造雙贏並進一步改善兩岸關係，未來應慎重考慮是否簽署教育交流協定。

❷兩岸簽署教育交流協定之可能挑戰

①政治生態的差異

台灣為民主法治社會，民意代表機關對於政府的施政具重要的影響與箝制力，重要政策均需要經過民意機關追認，否則難保會再次發生太陽花學運的抗議活動。

②教育規模懸殊

由於兩岸人口不同，教育規模也呈現很大差距，台灣大專院共 156 所，大陸卻有 2,000 所以上。因此在簽署交流協議時，應該特別重視雙方「實質」的對等，避免引起國內民眾的疑慮。

③服貿協議帶來的負面效應

由於服貿協議引起民意代表與民間的不滿與反彈，未來必須待兩岸協議監督條例通過後，再行後續協商。

兩岸教育交流歷程

1989年 中國開放58所高校向台灣及港澳地區招考研究生

1992年6月 我國公布《臺灣地區與大陸學生交流活動作業要點》

1992年7月 我國公布《臺灣地區與大陸地區人民關係條例》

1997年10月 台灣公布《大陸地區學歷檢覈及採認辦法》，採認大陸73所高校。然而，後來遭致監察院糾正並檢討後，而停止適用該名冊。直到2010年臺灣地區與大陸地區人民關係條例第22條修正前，教育部未曾針對大陸地區高等學校學歷辦理檢覈，且亦未受理報備

2002年 兩岸先後加入WTO，因為WTO將高等教育定義為服務業，促使兩岸與世界各國教育跨越了種族、地域、文化、思想等有形無形的界限，加劇教育與學術的交流與合作

2005年8月 中國宣布台生就讀大陸學校，學雜費比照大陸學生收費標準，並成立「臺灣學生獎（助）學金」

2006年 大陸宣布承認台灣所有高等院校學歷

2010年8月 立法院通過陸生三法的修正案

2011年 根據陸生三法，教育部於2011年1月6日發布大陸地區人民來台就讀專科以上學校辦法及修正發布大陸地區學歷採認辦法（原大陸地區學歷檢覈及採認辦法）

2011年1月10日 教育部公告大陸地區高等學校認可名冊，作為後續採認大陸地區學歷及招收大陸地區學生之依據

2013年 台灣放寬採認以211工程為主的111所高校、222所示範及骨幹高職兩岸同意陸生來台專升本（就讀二年制學士班（二技）），並由廣東福建18所高職試辦，開放955個名額

兩岸簽署教育交流協定之可能挑戰

政治生態的差異

教育規模懸殊

服貿協議帶來的負面效應

第 **15** 章

兩岸關係的未來發展與挑戰

●●●●●●●●●●●●●●●●●●●●●●●●●●●●●● 章節體系架構 ▼

UNIT 15-1
反分裂法及其影響

圖解兩岸關係

2005 年 3 月 14 日，中共第十屆全國人民代表大會第三次會議通過《反分裂國家法》。對大陸而言，該法是為了反對和遏制「台獨」分裂勢力分裂國家，促進祖國和平統一，維護台灣海峽地區和平穩定，維護國家主權和領土完整，維護中華民族的根本利益。

（一）背景：遏制台灣傾獨作為

大陸方面制定反分裂國家法的最主要目的，在於遏止台獨勢力，特別是民進黨政府的類似作為，包括：

❶一邊一國論（2002）

陳水扁總統為世界台灣同鄉會第 29 屆年會聯合會致詞時呼籲：「台灣不是別人的一部分；不是別人的地方政府、別人的一省，台灣也不能成為第二個香港、澳門，因為台灣是一個主權獨立的國家。簡言之，台灣跟對岸中國一邊一國，要分清楚」。

❷防禦性公投（2003）

該年 11 月 27 日公民投票法通過後，同年 11 月 30 日陳水扁總統指出「防禦性公投」將與隔年總統選舉一併舉行。

❸憲改工程（2004）

陳水扁總統於「台灣新憲法」國際研討會中指出，他將推動之憲改工程時間表為，2006 年底透過公民投票來複決第一部新憲法，2008 年 5 月 20 日則正式實施台灣新憲法。

（二）過程：從統一法到反分裂國家法

❶大陸官方回應

對於前述進展，溫家寶於 2004 年於訪英途中，回應華僑的建議時表示：北京將認真考慮制定「統一法」；此為中國領導人首次回應制定統一法。其後，國台辦發言人李維一在同年回應台灣記者時也表示：「有關促進祖國統一的，來自於各個方面人士與團體的建議，包括以法律手段來促進祖國統一的建議，中國政府都會認真的考慮並予以採納的」。

❷名稱抉擇

考慮到「統一法」的名稱可能引發激烈反彈，大陸方面最終改為制定《反分裂國家法》。根據該法第 8 條明確提出，大陸得在三種情況下採取非和平方式及其他必要措施來捍衛國家主權和領土完整。

（三）後續影響

❶台灣反應

台灣方面之民調顯示大多數民眾反對該法，因而促成 2005 年「326 民主和平護台灣大遊行」，藉此表達強烈抗議與不滿。

❷國際反應

美國國務卿萊斯指出：升高緊張的片面行動對兩岸關係並沒有幫助，美國將繼續鼓勵兩岸採取正面作法，如投資，通航談判等；日本首相小泉純一郎則指出，反對以和平方式以外的任何手段解決台海爭端，雙方皆應該自我克制。

❸兩岸正名戰（2018）

在台灣部分人士推動「東奧正名公投」，大陸也在全球推動「中國台灣」正名政策，要求各國主要（觀光、航空等）企業單位不得將台灣列入「國家」選項。

未採取「統一法」名稱的考量

顯示北京對統一的強迫性與緊迫性，讓自己面臨進退維谷的窘境

統一法通過後，中國要兌現「統一」此一目標就必須採取「非和平手段」，屆時美國勢必會認為這是破壞兩岸現狀而予以介入

強調「統一」可能意味承認兩岸的「分裂現狀」這一事實

「統一」隱含台海現狀及周邊國際環境的重大改變，有違中國急欲營造的「和平發展」之友善形象

中國採取非和平方式及其他必要措施的三個前提

台獨分裂勢力以任何名義、任何方式造成台灣從中國分裂出去的事實

發生將會導致台灣從中國分裂出去的重大事變

和平統一的可能性完全喪失

兩岸可就下列事項進行協商和談判

正式結束兩岸敵對狀態

發展兩岸關係的規劃

和平統一的步驟和安排

台灣當局的政治地位

台灣地區在國際上與其地位相適應的活動空間

與實現和平統一有關的其他任何問題

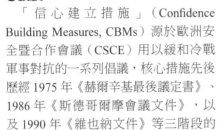

UNIT 15-2
兩岸互信機制爭議

（一）信心建立的理論基礎

❶發展

「信心建立措施」（Confidence Building Measures, CBMs）源於歐洲安全暨合作會議（CSCE）用以緩和冷戰軍事對抗的一系列倡議，核心措施先後歷經 1975 年《赫爾辛基最後議定書》、1986 年《斯德哥爾摩會議文件》，以及 1990 年《維也納文件》等三階段的實質演進。

❷內容

CBMs 在學理上雖不是一套完整的理論，但強調經由逐步擴大軍事透明化方式建立政治互信的相關作法，確能有效降低國家之間誤解與誤判的可能性，進而避免敵對國家之間非預期的衝突升級。冷戰結束後，全球各主要衝突地區相繼效法 CBMs 歐洲經驗，並依個別需求進行不同程度的調整與應用，豐富了 CBMs 在國際社會之實踐。

（二）信心建立的操作模式

根據 Michael Krepon 分析衝突地區國家建立互信的過程，他將信心建立區分為以下 3 個階段：

❶衝突避免階段

衝突發生後，各國領導人同意在不危及國家安全的前提下，進行最基本與最初步的溝通與接觸，其主要目的在透過設置熱線以及軍事演習的事前通知等措施，避免因突發事件造成區域對立情勢的惡化。

❷建立互信階段

敵對國家進一步提高軍事透明度、限制彼此軍事準備與相關活動，甚至接受來自敵國、第三國或國際組織的外國軍事觀察團實地監督軍事演習，以獲取對手國國內更大程度的政治支持。

❸強化和平階段

本階段的目的在擴大並深化既存的合作關係，以促成國與國之間政經關係穩定而實質之進展，最終達到強化和平之目標。

（三）兩岸信心建立的挑戰

❶現狀

以此架構分析可知，目前兩岸關係正由「衝突避免階段」向「建立互信階段」過渡。誠然，兩岸值此主權衝突與經貿發展並存，而中國又不輕言放棄以武力解決台灣問題的前提下，CBMs 機制或可提供跳脫台海安全困境的新思維。

❷倡議

事實上，建構台海軍事互信機制並非兩岸關係當中的新概念，自李登輝、陳水扁到馬英九等歷屆總統，均曾在公開場合提及建構兩岸互信機制之構想，但卻都未能具體落實。相較於我國政府對兩岸建構互信機制的高度熱表，中共對相關倡議更顯得保守，以致兩岸 CBMs 進展迄今仍相當有限，後續發展值得各界持續關注。

信心建立措施之作為分類

名稱	功能	措施
宣示性措施 declaratory	國家之間戰略意圖的陳述	和平解決爭端、不攻擊或不發動第一擊等政治承諾
溝通性措施 communication	避免衝突無預警地升級	熱線、軍事互訪、軍事意外通報制度等機制
透明化措施 transparency	提高軍事資訊的透明度	公布國防白皮書、軍事演習的事先告知、加入聯合國武器登記制度等
限制性措施 constraint	落實軍備管制與裁軍計畫	限制軍事演習規模、裁減作戰人員與武器、限制特定武器部署的類別與數量、劃定軍事中立與非軍事區等
查證性措施 verification	檢核相關軍事資料正確與否	邀請觀察員參與演習、針對特定資訊進行現場查證、開放空中查證等

敵對國家建立互信三階段進程示意圖

衝突避免階段　建立互信階段　強化和平階段

說明

❶箭頭代表衝突發生後建立互信之進行方向。

❷信心建立進程是以漸進原則為導向，必須要在初級階段運作成熟時才能進入下一階段：

　(1) 第一階段到第二階段是由衝突轉入互信，容易因國內政黨或利益團體的反對而遭遇阻礙，困難度較高；

　(2) 第二階段到第三階段則屬互信機制的再加強，困難度相對較低。

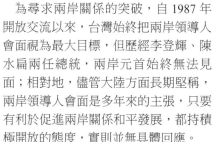

UNIT 15-3
兩岸領導人會晤問題

（一）關於領導人會晤之倡議

❶ 歷史困境

為尋求兩岸關係的突破，自 1987 年開放交流以來，台灣始終把兩岸領導人會面視為最大目標，但歷經李登輝、陳水扁兩任總統，兩岸元首始終無法見面；相對地，儘管大陸方面長期堅稱，兩岸領導人會面是多年來的主張，只要有利於促進兩岸關係和平發展，都持積極開放的態度，實則並無具體回應。

❷ 近期倡議

在馬英九於 2013 年倡議與習近平在 APEC 場合會面後，國台辦發言人范麗青回應指出：「兩岸領導人會面是兩岸中國人自己的事，不需要借助國際會議的場合」。

（二）兩岸對於領導人會面的想法

❶ 大陸方面

早年台灣採取不接觸、不談判與不妥協的「三不政策」，直到 1986 年「華航事件」後，雙方才有自分裂以來首次接觸，此後大陸試圖透過「三通四流」政策來突破「三不」，以達成和平統一目標。江澤民曾於 1995 年表示，歡迎「台灣當局領導人以適當身分前來訪問，也願意接受台灣方面邀請前往」，但面對 1996 年後無論李登輝或陳水扁總統之要求，卻很少或甚至未予回應。

❷ 台灣方面

早年受「三不政策」影響，台灣僅接受兩岸屬於「民間性質」或是「非政治性事務性質」之接觸與談判，例如 1990 年金門談判及 1993 年第一次辜汪會談等。但情況在 1994 年後有所轉變，受到國統綱領中程目標以及倡導「以協商代替對抗」等影響，李登輝總統首先開始倡導兩岸會晤。至於陳水扁時期則因希望突破兩岸僵局、藉此吸引國際社會關注以提升台灣的能見度、希望透過參加 APEC 非正式領袖會議建立一邊一國的事實現狀等動機，也曾提出類似倡議。

（三）馬習會之發展過程

❶ 構想源起

習近平於 2012 年「十八大」正式接班後，便開始有推動兩岸領導人會晤之想法，但最初傾向以「政黨領袖身分」會晤。2014 年陸委會主委王郁琦與國台辦主任張志軍在南京首度會面時，便曾觸及此議題，但未獲共識。

❷ 溝通過程之主要歧見

台灣認為最好是在國際場合的自然會晤，但大陸方面傾向在兩岸任何地方或適當的第三國；其次，我方強調必須承認台灣為政治實體，大陸則強調「一個中國原則」。

❸ 會晤進展

兩岸在 2014 年持續就領導人會晤進行溝通，最終在新加坡牽線與北京主動邀約下，馬英九與習近平於 2015 年 11 月 7 日在新加坡香格里拉飯店進行了歷史性會晤。

❸ 後續發展與影響

雙方在「九二共識」方面達成一致意見，同意共同謀求兩岸「和平繁榮」發展，但在台灣內部帶來不同反應，尤其 2016 年 3 月總統大選再度帶來政黨輪替後，亦限制了「馬習會」之政治效果。蔡英文曾於 2018 年 4 月表示「願意與對岸領導人會面」，但未獲回應。

中國提出兩岸領導人會晤的回顧

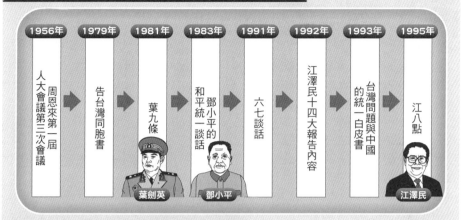

1956年	1979年	1981年	1983年	1991年	1992年	1993年	1995年
人大會議第三次會議第一屆周恩來	告台灣同胞書	葉九條　葉劍英	和平統一談話鄧小平的　鄧小平	六七談話	江澤民十四大報告內容	台灣問題與中國的統一白皮書	江八點　江澤民

國際場合會晤的四項效果

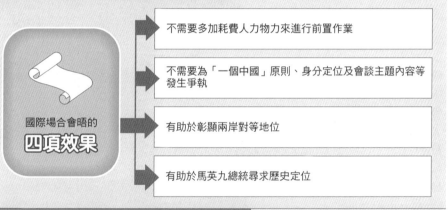

國際場合會晤的 **四項效果**

不需要多加耗費人力物力來進行前置作業

不需要為「一個中國」原則、身分定位及會談主題內容等發生爭執

有助於彰顯兩岸對等地位

有助於馬英九總統尋求歷史定位

兩岸領導人會晤所需的條件

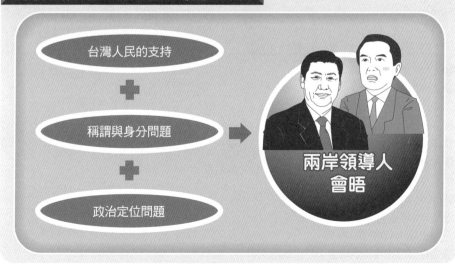

台灣人民的支持

＋

稱謂與身分問題

＋

政治定位問題

→ 兩岸領導人會晤

UNIT **15-4**
兩岸和平協議的未來

近年來兩岸領導人多次提及簽訂和平協議問題,例如 2005 年連戰前往大陸進行「和平之旅」時,與胡錦濤共同發表「兩岸和平發展五項共同願景」的其中一項,就是促進終止敵對狀態,達成和平協議。同年 7 月,馬英九擔任黨主席後亦將其納入國民黨政策綱領,並成為 2008 年總統大選政見。至於 2008 年「胡六點」也希望結束敵對狀態,達成和平協定。對此議題,茲整理如下:

(一)和平協議的種類

根據聯合國定義,和平協議可區分為以下幾種類型:

❶ 停止敵對或停火協議(Cessation of Hostilities or Cease-fire Agreements)

❷ 談判前協議(Pre-Negotiation Agreements)

❸ 臨時或初步協議(Interim or Preliminary Agreements)

❹ 全面與框架協議(Comprehensive and Framework Agreements)

❺ 執行協議(Implementation Agreements)

(二)兩岸提出和平協議的回顧

❶ 1995 年 1 月:江八點

❷ 2002 年 11 月:江澤民十六大政治報告

❸ 2003 年 1 月:陳水扁元旦談話

❹ 2004 年 5 月:胡錦濤五一七談話

❺ 2004 年 10 月:親民黨提出海峽兩岸和平促進法

❻ 2005 年 3 月:胡四點

❼ 2005 年 4 月:連胡會提出兩岸和平發展五項共同願景

❽ 2007 年 10 月:胡錦濤十七大政治報告

❾ 2008 年 12 月:胡六點

❿ 2011 年 10 月:馬英九提出在十大保證下洽簽兩岸協議

⓫ 2012 年 11 月:胡錦濤十八大政治報告

(三)影響兩岸簽署和平協議的因素

❶台灣方面

建議在程序上最好先由兩岸各自單邊宣稱雙方「敵對終止」;避免涉及敏感性議題,於此同時,協議前必須規範台北的政治定位,並進行事務性以及結束敵對狀態談判的預備性磋商。

❷大陸方面

程序上必須先確定這是協商「兩岸自 1949 年以來的內戰」將宣告結束,協議後必須要兩岸共同承擔「中國領土與主權的完整」,結束敵對狀態必須是雙贏的結果。

❸未來展望

就現階段而言,簽署兩岸和平協議的困難度非常高,因為對於上述影響因素幾乎無法達成共識。然而,未來若能發揮功能主義理論的分枝理論功效,亦即兩岸若能持續透過「低階政治」議題合作,不僅有助於創造「高階政治」議題的可能解決,也有助於創造簽署和平協議之目標。

兩岸提出和平協議的回顧

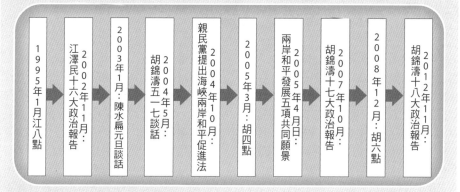

1995年1月江八點 → 2002年11月：江澤民十六大政治報告 → 2003年1月：陳水扁元旦談話 → 2004年5月：胡錦濤五一七談話 → 親民黨提出海峽兩岸和平促進法 → 2004年10月：胡四點 → 2005年3月：胡四點 → 兩岸和平發展五項共同願景 → 2005年4月日：胡六點 → 2007年10月：胡錦濤十七大政治報告 → 2008年12月：胡六點 → 胡錦濤十八大政治報告 → 2012年11月：胡錦濤十八大政治報告

和平協議的種類

停止敵對或停火協議	衝突雙方在商定時間表之後，在一個有限的區域內，暫時停止戰爭或任何武裝衝突，這些協議通常是具有軍事性質，也是一般所稱的「停戰協定」
談判前協議	確定和平協議的程序性問題，如日程、議程、與會者及地點，以及和平締造者的角色和程序，由他們來負責起草後來的框架或全面協議。談判前的協議是透過談判架構的建立，並讓談判走上正軌，以達到結束衝突的最終目的
臨時或初步協議	對未來進行談判的最初步驟，它們通常被視為是同意協議或是一種承諾，以達成一項通過談判解決爭端，並在各方之間建立信任的一種協議。臨時或初步協議通常會提及何時與何地談判，但是一般不會涉及談判程序與架構
全面與框架協議	兩者通常會交替使用，但是之間還是有些差別。框架協議大致同意談判的原則與議題之後，其中的實質性問題將等待往後的談判內容解決；全面協議則是尋找共同點，以及衝突各方的利益和需求，藉此來解決實質性的爭議問題
執行協議	履行協議詳細闡述全面與框架協議、實施協議的目標、訂出詳細的規則，以方便實施全面的新協議。不過執行協議並不總是以正式書面形式呈現，有時它們可能只是口頭承諾、換函，或是透過聯合聲明形式發表

馬英九針對兩岸關係所提出的十大保證

馬英九針對兩岸關係所提出的 **十大保證**

一個框架
在中華民國憲法架構下，維持台海不統、不獨、不武的現狀

兩個前提
台灣內部民意要達到高度共識，同時兩岸要累積足夠的互信

三個原則
國家需要、民意支持、國會監督

四個確保
確保中華民國主權獨立與完整、台灣安全與繁榮、族群和諧及兩岸和平，以及永續環境和公義社會

UNIT 15-5
兩岸經貿協定之深化

近年來，受到全球興起簽署 FTA 風潮之影響，東亞地區也興起一陣區域整合浪潮，且目前已成為全球推動區域經貿整合進展最快的範本。尤其在東協與中國大陸簽署 FTA 後，日本與韓國也在壓力下積極推動類似談判協商。至於台灣則目前除新加坡外，進行 FTA 協商仍面對困境。

（一）我國政府之政策考量與設計

❶回應邊緣化挑戰

不論對區域經貿整合抱持何種觀點，一個嚴肅議題是：如果台灣持續被排除在這波浪潮之外，貿易發展將會受到不利的影響，吸引外資能力也將大不如前，最終將連帶影響國內就業、消費及成長。

❷多路徑分頭並進

政府一方面積極徵詢加入以美國為首《跨太平洋經濟夥伴關係協定》（TPP）的可能性，另方面則希望與大陸簽訂 FTA 以快速融入區域經濟整合浪潮，避免遭到經濟邊緣化。例如對兩岸簽署海峽兩岸服務貿易協議部分，便宜稱將發揮協助業者進軍大陸市場、促進融入區域整合、推動貨品貿易協議完成協商等效益。

（二）民眾的疑慮與反彈

2014 年初的一連串公民運動與「太陽花學運」，以及各方要求「先立法、後審查」，亦即先完成「兩岸協議監督條例」立法再審查協議等，既突顯出輿論對於兩岸經貿互動的疑慮，至於反對因素可歸類為以下幾項：

❶磁吸效應

造成台灣前往大陸投資，不僅使得就業機會及人才流向大陸，也會造成國內投資、就業機會減少及薪資下降。

❷台灣香港化

導致更多大陸企業及資金進入台灣，不僅可能控制台灣經濟命脈且影響中小企業生存，亦會炒高房地價而讓台灣步上香港後塵。

❸利益分配不均

一般認為兩岸簽訂 FTA 只會圖利大型企業或財團，廣大的中小企業及薪資階層不僅未受惠，甚至於還成為受害者。

❹國家安全疑慮

開放的部分產業項目如：電信服務與地質探勘，可能會影響台灣的國家安全。

❺市場開放不對等

台灣經濟規模小且市場開放程度高，大陸則被 WTO 列為非市場經濟國家，雙方制度及法規存在很大差異，簽訂服務貿易協議對台灣造成的風險相對較高。

（三）兩岸經貿互動之未來展望

總的來說，政府不能一味地只是強調「利大於弊」，應該說清楚、講明白以解除民眾的疑慮；同時也應積極與大陸溝通，以期可以重新談判，不致影響貨物貿易協議在內的 ECFA 後續協商。當然，一般民眾也不應「逢中必反」，從恐懼角度看問題，應更理性且更具全球視野地看待整個問題。

政府對FTA之政策考量與設計

政府對FTA
之政策考量
與設計

回應邊緣化挑戰
不論對區域經貿整合抱持何種觀點，一個嚴肅議題是：如果台灣持續被排除在這波浪潮之外，貿易發展將會受到不利的影響，吸引外資能力也將大不如前，最終將連帶影響國內就業、消費及成長

多路徑分頭並進
政府一方面積極徵詢加入以美國為首《跨太平洋經濟夥伴關係協定》（TPP）的可能性，另一方面則希望與大陸簽訂FTA以快速融入區域經濟整合浪潮，避免遭到經濟邊緣化。例如對兩岸簽署海峽兩岸服務貿易協議部分，便宣稱將發揮協助業者進軍大陸市場、促進融入區域整合、推動貨品貿易協議完成協商等效益

民眾反對服務貿易協議的原因

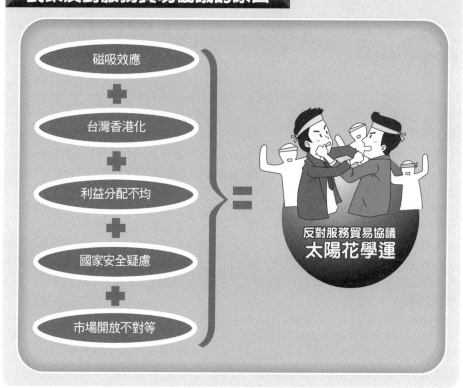

磁吸效應

台灣香港化

利益分配不均

國家安全疑慮

市場開放不對等

反對服務貿易協議
太陽花學運

UNIT 15-6
九二共識的共識與分歧

　　長期以來，台灣內部始終存在「到底有沒有九二共識」的爭論，而大陸方面則始終堅持透過「九二共識」所彰顯的「一個中國」原則，乃兩岸持續溝通談判的出發點。面對過去，九二共識的「似乎曾經存在」固然奠下當前兩岸和平互動的基礎，未來則其「是否繼續存在」亦將牽動彼此交流的未來。

（一）造成誤解的過程與緣由
❶大陸官方聲明
　　1992 年 11 月 3 日，中國大陸發布新聞稿以給予我方正面回應，此為是否有「一中各表」共識的爭議與混亂來源，因為海協會在發表新聞稿之前，未發現我方發布的「口頭聲明的具體內容將根據國家統一綱領及國家統一委員會對一個中國涵義所作決議來加以表達」此一表述。
❷台灣方面的看法
　　是對「一個中國」的「原則」去「各自」及「表述」，亦即何謂「一個中國」可隨自己的意思來表達其內涵。
❸大陸方面的看法
　　對一個中國原則各自（以口頭聲明方式）表述，並非對後續問題做意見表達。對「一個中國原則」，公開念或讀出來。「各自」並非指「內容」由各自來進行詮釋，而是指由不同主體、時間與地點（例如分別由海基會或海協會在台北與北京），於同一或不同時間，各找地方來宣布：我忠於一個中國原則。
❹雙方爭議
　　換言之，我方認為「九二共識」為「一中各表」：雙方以口頭方式隨自己的意思詮釋「後續問題」，意即。大陸則認為「九二共識」為「各表一中」：雙方

以口頭方式在不同時空下宣誓忠於「一個中國原則」。

（二）台灣內部的意見分歧
　　由於上述誤解，加上「九二共識」一詞是 2000 年 4 月 28 日由前陸委會主委蘇起所提出，目的在透過模糊概念，使國民黨主張的「一中各表」及大陸的「各表一中」不同立場產生交集。也因為如此，現階段國內才會對於「九二共識」沒有共識，並紛紛提出各自的看法與見解。

（三）對於未來兩岸關係的影響
　　2008 年二次政黨輪替後，馬英九政府秉持「九二共識、一中各表」，讓兩岸關係繁榮地發展且更為和平穩定，所以國民黨獨享兩岸和平穩定的紅利，民進黨則被形塑為破壞兩岸和平穩定的負面形象；因此，2012 年馬英九連任成功，一般認為蔡英文是輸給所謂「九二共識」。值得注意的是，「九二共識」雖已於 2012 年正式寫入十八大的政治報告內容中，並成為大陸對台政策的重要基礎，但 2016 年蔡英文以「維持現狀」吸引中間選民並贏得總統大選後，卻拒絕承認「九二共識」，致使兩岸經貿交流急凍並中斷政府官方聯繫。未來若蔡英文政府仍堅決否定「九二共識」，甚至進一步形成更大爭議，或許將會對兩岸關係的發展造成更為負面的衝擊與影響。

兩岸對於「九二共識」看法

	原則	
我方		**中國**
一個中國各自表述	**原則**	堅持一個中國
承認存在九二共識	**共同點**	承認存在九二共識
雙方各自表述一個中國的內涵，也就是「一個中國，各自表述」，其中一個中國就是中華民國。	**分歧點**	強調雙方「各自以口頭方式表述兩岸均堅持一個中國原則」，其中一個中國就是中華人民共和國。

註：
扁政府時代，始終認為
兩岸之間並無「九二共識」，
雖然九二香港會談是在李登輝擔任
總統時舉行，但李卸任後也指當年沒有
「九二共識」，甚至指這個詞是蘇起製
造出來的，「猴囝仔要製造歷史」

資料來源：《蘋果》資料室

台灣內部對於九二共識的意見與看法一覽表

李登輝　根本沒有九二共識，是蘇起自創的名詞，猴囝仔要製造歷史

陳水扁　沒有九二共識，只有「對話、交流及擱置爭議」的「九二精神」。如果堅持有共識的話，那就是：Agree to Disagree：雙方彼此都共同認識：我們之間是沒有共識的，並且彼此同意就讓他繼續沒有共識下去

馬英九　承認九二共識存在，九二共識的意涵為一個中國，各自表述

謝長廷　在台灣內部建立「憲法重疊共識」；對兩岸則以「憲法各表」來取代「一中各表」

蔡英文　沒有九二共識，只有台灣共識：以民主程序在台灣內部形成對於台灣海峽兩岸關係的共識，再以此作為中華民國與中華人民共和國之間的談判基礎

國家圖書館出版品預行編目資料

圖解兩岸關係／蔡東杰,洪銘德,李玫憲著. --
三版. -- 臺北市 : 五南, 2018.11
　　面；　　公分
　ISBN 978-957-11-9970-2 (平裝)
1.兩岸關係
573.09　　　　　　　　　107016623

1PN7

圖解兩岸關係

作　　者 ― 蔡東杰 (367.2)　洪銘德　李玫憲

發 行 人 ― 楊榮川

總 經 理 ― 楊士清

副總編輯 ― 劉靜芬

責任編輯 ― 高丞嫻　呂伊真

封面設計 ― P.Design視覺企劃　姚孝慈

出 版 者 ― 五南圖書出版股份有限公司

地　　址：106台北市大安區和平東路二段339號4樓

電　　話：(02)2705-5066　　傳　真：(02)2706-6100

網　　址：http://www.wunan.com.tw

電子郵件：wunan@wunan.com.tw

劃撥帳號：01068953

戶　　名：五南圖書出版股份有限公司

法律顧問　林勝安律師事務所　林勝安律師

出版日期　2015年 9 月初版一刷
　　　　　2017年 2 月二版一刷
　　　　　2018年11月三版一刷

定　　價　新臺幣320元